KB235070

샐러리맨들에게
告함

박수범 지음

나는 평범한 샐러리맨이다. 평범의 정의가 뭐냐고 묻는다면 어버 버버 곤란해 해야 하지만 내가 유별나다거나 특출할 것 없는 보통의 샐러리맨이란 뜻이다.

1990년 금성사에 입사할 때만 해도 회사생활이란 것은 돈 벌기 위해 어쩔 수 없이 하는 것이라는 생각으로 안이하게 회사생활을 시작했었고, 정말 아무 생각 없이 신입사원 시절을 보냈다.

공부는 별로 하지도 않으면서 책가방만 들고 왔다 갔다 하는 불성실한 학생들이 방학숙제 많다, 자율학습 시간 길다 등등 타박거리가 많듯이 나도 신입사원 때는 스머프 만화에 나오는 투덜이 스머프처럼 선배들이나 관리자들하고 티격태격하기 일쑤고 의욕도 진하지 않은 요샛말로 불량감자였다. 불량감자가 불량감자를 알아본다던가? 회사 생활에 경력을 하나하나 더해 갈수록 예전의 나처럼 투덜이 부하사원들을 보는 나의 시선은 가소롭다기보다는 착잡한 것이었다. 그리고 똑같이 졸병시절을 거쳤음에도 불구하고 그들을 잘 이해하려

들지 않는 윗분들을 보면서, 또 무능력한 관리자들과 함께 일하면서 갑갑함도 많이 느꼈다.

술 먹고 지각하는 팀원 때문에 열이 터져서 사내 게시판에 필자의 생각들을 쓰기 시작하면서 글들이 차곡차곡 쌓여갔다. 때문에 이 글은 대기업의 관리자가 치열하게 직장생활을 하는 과정에서 얻은 다양한 지혜와 치열한 삶에 대한 이야기들이 생생하게 녹아 있다고 감히 자부해 본다.

Chapter 1. 基(Basic)에는 직장인들에게 있어 가장 기본적인 부분들에 대한 이야기가 있다.

Chapter 2. 觀(Insight)에는 부하, 동료, 상사들로부터 필자가 느꼈던 아쉬웠던 점들과 그것을 통해 얻을 수 있는 의미를 살펴보는 글들이 있다.

Chapter 3. 思(Thinking)에서는 직장생활이라는 것, 나아가서는 하루하루를 살아가는 것에 대해 여러 가지 글들로 생각(思)의 화두를 던져 보고 싶었고,

Chapter 4. 生(Life)에서는 가속의 한 구성원으로서, 또 생활인으로서 살아가는 삶의 이야기들을 적어 보았다.

고백건대 논리의 비약도 보이고 편협한 사고가 있는 글도 있다. 이런 글을 쓴 나는 얼마나 잘했었고 지금 잘하고 있나 하는 반성도 한다. 그래도 모쪼록 이 글들이 직장생활을 하는 우리 불쌍한 샐러리맨들에게 뭔가 톡 쏘는 시원한 사이다를 한 잔 마시는 듯한 청량감

있는 글들로 다가서기를 기대해 본다.

직장생활을 준비하는 이들에게는 향후 그들에게 펼쳐질 직장생활을 미리 그려 볼 수 있는 예습서이면서 예방주사 한 방이 될 것이다.
사원, 대리급들에게는 관리자들의 사고방식과 그들의 속내를 이해하는 데 도움을 받을 수 있고 직장생활의 지혜를 얻을 수 있을 것이다.
과장 이상의 관리자들은 현재 겪고 있는 고민들에 대해 공감하고 도움을 받을 수 있을 것이며, 다른 관리자는 어떤 방식으로 생각하고 소통하고 살아가고 있는지를 엿볼 수 있는 좋은 기회가 될 것이다.
경영진에게는 말 잘 안 듣는 부하들과 드센 윗사람들 사이에서 샌드위치 신세로 위아래 눈치 보아 가며 고군분투하고 있는 중간 관리자들의 고충을 다시 한 번 되새기는 계기가 되었으면 한다.

이 글들을 쓰는 긴 여정에 격려도 해 주시고 많은 것을 깨우쳐 주시기도 한 무섭고도 자상하신 상사 신인용 상무님(現 doIT시스템 대표)께 감사드리고, 오랫동안 이 글들을 읽어 주면서 때로는 비판을 때로는 감사의 표시를 해 준 과거 LG InterNet, LG CNS와 The Nielsen Company Korea의 동료들에게 감사드린다.

첫 일자리인 금성사에서 직장생활을 시작할 때 사수로서 많은 것을 느끼게 해 주신 민병률 상무님과 이모상 차장님께 감사드리고, 부족한 나에게 이상적인 관리자상을 보여 주신 CISCO의 김중원 부사장님께 실천으로 가르쳐 주심에 대한 각별한 감사를 드린다.

이제까지 직장생활을 해 오면서 내 가치를 가장 높이 인정해 주시고 아껴 주신 씨네픽스 황경준 회장님께도 깊이 감사드린다.

이 모든 분들은 직장생활에 있어 나의 큰 멘토(Mentor)들이셨다. 필자가 멘토라고 부르는 이분들 중에서 나를 제대로 한번 가르쳐 보겠다고 팔을 걷어붙이셨던 분은 없으셨다. 하지만 이분들이 필자의 스승인 것은 이분들로부터 많은 것들을 배웠기 때문이다.

다시 한 번 스승님들의 베풀어 주심에 감사드리며, 사랑하는 아내, 우리 부부가 정말 힘겹게 얻은 소중한 큰딸 지은이, 태어나자마자 아파서 가슴을 졸이게 했던 귀여운 둘째딸 정은이에게 이 글을 바친다.

2011년 새해 아침에……

박수범

CONTENS

Chapter 2. 觀(Insight)

觀照的인 시각을 통해 얻을 수 있는 직장생활에 대한 **통찰들**

Chapter 3. 思(Thinking)

직장생활 그리고 삶에 대한 생각들

Chapter 4. 生(Life)

가정과 회사에서 살아가는 직장인의 삶

Chapter 1. 基(Basic)

직장생활에서 가장 기본적인 부분들에 대한 이야기

어느 회사나 회사의 정책이나 System, 그리고 상사에 불만을 품은 사람은 있다. 하지만 정도가 심해서 동료나 회사에 심각한 해악을 끼치기 시작한다면 그것은 조직을 위해(危害)하는 테러리스트다. 변혁자는 문제점을 지적하고 긍정적 변화를 주도하지만 테러리스트는 비판만 가할 뿐 대안을 제시하지 않고 협조하지 않는다. 회사의 전략적 방향이나 새롭게 시행하는 변혁 활동들에 대해 항상 부정적인 시각으로 일관하고, 열심히 일하는 사람을 충직한 개로 비하시키며 냉소를 퍼붓는다. 자신들의 논리를 전파시키고 그 논리가 편협한 것이 아님을 확인하기 위해 동조세력을 규합한다. 이들이 고객접점에 서 있는 사람인 경우 회사가 입는 피해는 더욱 심각하다. 회사의 이미지에 악영향을 미치고 영업에 지장을 받게 된다.

왜 이런 테러리스트가 생기는 것일까? 비민주적이고 권위주의적인 조직풍토, 비합리적인 성과측정, 함량미달의 관리자, 잘못된 회사의 정책 등이 테러리스트를 만드는 원인이다. 이미 테러리스트가 된 사람을 아군으로 돌려놓기란 쉽지 않다. 때문에 아군이 테러리스트가 되는 원인을 찾아서 신속히 제거하는 것이 중요하다.

태생적으로 테러리스트 기질이 있는 사람들도 있다. 업무에 의욕이 없고 만사가 불만이다. 업무에서도 테러리스트 1명은 플러스 한 명의 기여는 고사하고 마이너스 몇 명에 맞먹는 짐으로 작용한다. 그들의 불만을 받아 주고 다독이고 양해까지 받아 가면서 일하는 것은 마치 몇 명을 힘겹게 업고서 일하는 것과 같다.

절이 싫으면 중이 떠나지 않겠냐고 말할 수도 있겠지만 문제는 그렇게 간단치가 않다. 테러리스트는 언젠간 떠나지만 그렇게 쉽게 회사를 떠나지 않는다. 불만이 있어서 회사를 떠난 사람들이 회사에 악담을 퍼부으며 테러를 가하기도 하지만 더 무서운 것은 진지에 남아서 아군에게 총기를 난사하는 내부의 테러리스트다.

많은 관리자들이 테러리스트를 관대하게 대하고, 아군으로 전환시키는 것이 미덕이라고 생각하고 있지만 그쪽에 쏟는 노력과 열정을 협력적인 아군에게 쏟아서 미래의 테러리스트를 방지하는 것이 효율 면에서 더 나은 선택일 수 있다.

즉, 테러리스트에게는 협상가(Negotiator)보다 처단자(Delta Force)가 때론 더 효과적인 대응군이 될 수 있는 것이다.

Note

외부의 적보다 더 무서운 것은 진지 안에서 아군에게 총질을 해 대는 내부의 적이다.

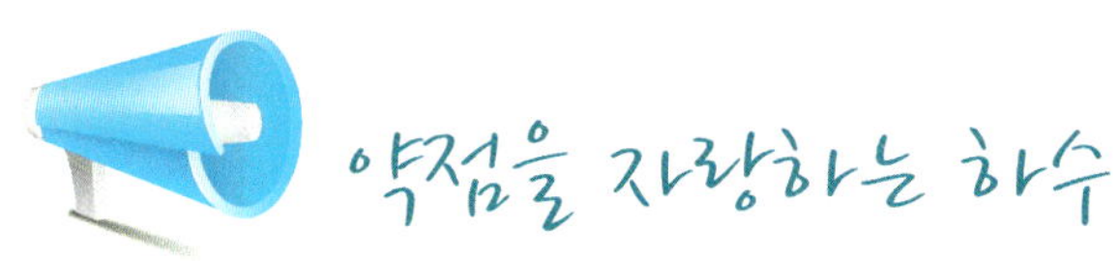

어느 날 부하사원과 이야기를 나누고 있을 때였다.

"이번에 처리해야 할 이 건에 대해서 한번 맡아보는 것이 어때? 이런 유사한 일은 아직 해 보지 않았으니까 경력에도 많은 도움이 될 거고……."

"팀장님! 전 지금 제가 맡고 있는 분야는 잘 알고 계속하고 싶지만 그 분야는 정말 못 해요. 제가 그 분야에 대해서 아는 것도 없고 감각도 꽝이거든요."

"그럼 당신이 우리 회사에서 그 분야에 대한 감각이 제일 꽝이란 얘기야?"

"……."

마지막 질문은 부하사원을 일부러 난처하게 만들려는 의도로 한 것은 아니었지만 결과적으로는 그렇게 되어 버렸다.

사람들은 변화를 싫어한다. 지금의 만족도나 안락도가 높은 경우에는 더욱 그러하다. 하지만 다양한 형태의 업무경험을 기회가 있을 때마다 해 보는 것이 좋고 직급이 낮은 경우라면 더욱 그러하다. 업무가 아니어도 다양한 형태의 변화를 시도해 보고 경험을 해 보아야 하는 시기라는 의미이다.

왜 약점을 스스로 자랑하는가? 나는 이러이러한 것을 못 합니다는 말을 할 필요가 왜 있느냐 말이다. 그것보다는 '이러이러한 것들을 더 잘할 수 있습니다'가 훨씬 낫다. 하기 싫은 일을 앞에 두고 그 일을 피해 보기 위해서 하는 말이라면 문제가 더욱 심각하다. 그 약점은 윗사람한테 각인될 것이고 그 분야에서는 별로인 사람으로 계속 Positioning될 것이다.

부하사원이 그 일은 잘하지 못한다고 이야기한 것은 회사에서 가장 못한다는 의미가 아니라 자기가 할 수 있는 여러 가지 분야 중에 잘하지 못하는 분야라는 이야기가 아닐까? 약점은 자랑하지 않는 것이다. 잘할 수 있는 것을 자랑하고 약점은 꼭꼭 숨겨도 클 수 있을지 없을지 모르는 판에 약점을 자랑하다니 될 법이나 한 말인가? 그것도 약점 같지도 않은 약점 가지고 말이다.

Note

어떤 경우든 약점은 바깥으로 드러내지 않도록 꼭꼭 감추어야 하는 비밀스러운 속살이다.

샐러리맨들에게 告함

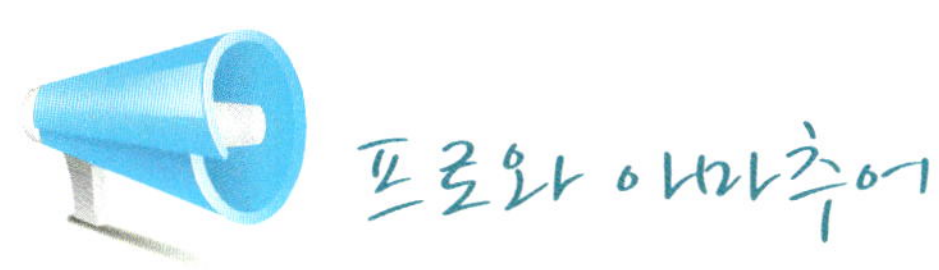

프로와 아마추어

직장을 다니는 사람들은 대부분 프로를 지향하고 스스로를 프로라고 주장하는 사람도 많다. 사소하게 넘어갈 수 있는 부분이기도 하지만 술을 마시는 기술 측면에서 프로와 아마추어를 한번 이야기해 보려고 한다.

술을 마실 때 아마추어는 자기 기분만 생각하고 남은 신경 쓰지 않는다. 그는 감정의 기복이 심하며 누군가를 붙잡고 항상 심각하면서도 산만한 얘기를 늘어놓아 상대방을 난감하게 한나. 바래나주지노 않을 여직원이 늦은 시간 먼저 가 보겠다고 하면 뚜렷한 이유 없이 꼭 못 가게 하는 추태를 부린다. 가장 아마추어 향기(?)를 물씬 풍기는 사람은 생떼를 부리는 사람이다. 술만 마시면 갑자기 용기가 솟고, 과시하고 싶고, 누군가와 싸우고 싶고, 나 혼자 다 말하고 싶고, 때론 갑자기 슬퍼지고 상대방이 하는 말이 고까워지는가? 그런 당신은 바로 아마추어이다. 아마추어 자격조차 없는 사람은 술 마시고 운전대를 잡는 사람일 거다. 그리고 무엇보다도 아마추어의 가장 큰 특징은 술 마신 다음 날 정시출근을 할 수 없다. 아마추어는 술 마신 다음 날 일찍 일어날 정신력이 있을 수가 없다. 그가 아마추어이기에……

반면 술 마신 프로는 아름답다. 그는 항상 자기 주량을 초과하지 않는다. 최악의 경우 자기 주량을 초과할 수밖에 없는 상황이라면 초과한 이후에는 잠을 잔다든가 좌중에서 사라져 버린다거나 하여 술자리 분위기를 유지하게 해 준다. 프로는 술을 즐기는 것이 아니라 술자리 자체를 즐긴다. 좌중의 분위기가 화기애애할 수 있도록 양념 역할을 하고 꿀꿀한 얘기를 꺼내서 분위기를 가라앉게 하는 어리석은 일은 하지 않는다. 좋지 않은 일 때문에 만난 자리라 할지라도 한잔 마시고 좋게 만들자는 목적으로 만났음을 분명히 인지하고 있기 때문에 그는 항상 좋은 마무리를 위해 분발하고 있다. 술을 마시는 것이 기분이 나쁘자고 마시는 것이 아니라 좋자고 마시는 것임을 잘 알고 있다. 다른 사람이 술을 마신 자신의 흐트러진 모습을 보며 즐거워할 정도의 빈틈을 보여 줄 줄도 알지만 아마추어가 보여 주는 추태와는 질적인 차이가 있다. 프로가 보여 주는 빈틈은 관객을 위한 고도의 계산된 서비스이기 때문이다.

또한 프로는 절대 취하지 않는다. 다른 식으로 표현해 보면, 프로는 취해도 취하지 않는다. 비록 그가 취한 모습을 하고 있다 하더라도 내면의 컨트롤은 정확히 이루어지고 있다는 뜻이다. 이 점이 다른 사람에게 피해를 주지 않는 핵심적인 요소라고 할 수 있다. 그는 또

샐러리맨들에게 告함

술자리에 있어서 Trouble Maker(약자로는 TM, 아마추어의 다른 이름)가 누군가를 분명히 알고 있으며 TM을 잘 제어하여 좋은 분위기를 유지하기 위해 애쓴다.

프로의 가장 큰 특징 중의 하나는 술 마신 다음 날 절대 지각을 하지 않는다. 심지어는 새벽 4시까지 술을 코가 삐뚤어지도록 마셨다고 하더라도 말이다. 그는 프로이기 때문이다. 프로의 자존심은 술 마신 다음 날의 지각을 용납지 않는다. 출근을 해서 화장실 변기에 엎드려 자는 한이 있더라도 정시에 출근하여 처절할 만큼 프로의 자존심을 지킨다. 모 광고에 "프로는 아름답다"라는 말이 있었다. 화장실 변기에 엎드려 자는 프로, 아름답지 않은가? 나는 이런 진정한 프로를 존경한다.

회사생활에 있어서 프로가 되기 위한 가장 중요한 요건 중의 하나가 프로가 화장실 변기에 엎드려 자면서까지 지키려고 했던 바로 그 근태관리이다. 지각에 대한 무신경·무감각, 휴가와 결근에 대한 철저하지 못한 자기관리 등은 전혀 프로답지 않은 자세이다.

요즘은 '자율과 신뢰'의 원칙하에 근태를 본인에게 맡기고 있는 회사들이 많아졌다. 자율과 신뢰의 원칙이 잘 지켜지기 위해서는 직원들이 진정한 프로가 되어야 한다. 자율과 신뢰의 원칙이 개념 없는 아마추어들에 의해 여지없이 무너지고 찢겨지는 때 '방종과 불신'이 전염병처럼 창궐하고, 아마추어 무리들이 거기에 편승할 때 제도권의 담금질은 시작될 것이며, 결국 '타율과 불신'의 시대가 도래할 것이다.

　프로가 되기 위한 중요한 요건에 하나가 더 있다. 그건 바로 돈이다. 가장 비싸야 할 양심을 돈 몇 푼에 걸 수 있을까? 그 돈이 어마어마한 거액이라면 양심을 버릴 가치가 있을지도 모르겠지만 돈 몇 푼 때문에 가장 비싸야 할 자신의 양심을 도박해서는 안 된다. 조직생활에서 돈 관계가 깨끗하지 못한 사람은 결코 출세할 수 없다.

　1. 근태철저

　2. 청렴결백

　이 두 가지는 회사에서 프로가 되기 위한 기본요소이다.

Note

술 먹고 늦게 출근하는 사람은 하수다.
돈 관계가 깔끔하지 못한 사람은 출세하기 힘들다.

독불장군의 최후

1995년 내가 Marketing Survey 전문 회사인 A. C. Nielsen 한국지사에 근무할 당시 나는 경쟁사에 비해 점차 낮아지는 Market Share에 초조해하던 S사의 의뢰로 주요 기업들의 기업이미지를 비교 조사한 적이 있었다.

그때 나온 결론을 이야기해 보면 S사의 경우 사람으로 치면 "애는 똑똑한데 정이 안 가는 친구"였고 G사의 경우 "다소 우직해 보이지만 정답고 신뢰감이 가는 친구"였다. 흥미로운 것은 소비자의 구매에 직접적인 영향을 미치는 기업이미지의 핵심요인이 이른바 '똑똑한(첨단의)'이 아니라 '정답고 신뢰감이 가는'이라는 점이었다. 그래서 S사는 G사에 비해 대다수의 기업이미지 요인에서 높은 점수를 받았지만 구매에 가장 핵심적인 영향을 주는 이 요인에서는 G사에 비해 약세였다. 이에 S사에서는 다소 친근하고 부드러운 Concept를 창출하여 새로운 변화를 시도하게 되었다.

내가 금성사 인사관리부에서 신입시절을 보내던 1990년 초 한 부서에 K라는 부장님이 계셨다. K 부장님은 미국의 유명 대학에서 석사를 취득하신 매우 유능하신 분이었다. 당시 K 부장님의 부하로 계셨던 분들의 말씀에 의하면 평소에도 항상 공부를 열심히 하셨으며 회사를 위해 더할 나위 없이 열심히 일하셨고 경비를 인색할 만큼 아끼시면서 회사를 위했다고 한다. 나는 이분의 말로가 왜 인사관리부에 대기발령을 받는 비극적인 모습이어야 했는지에 대해서 아직도 많은 아쉬움을 가지고 있지만 그분은 인사관리부에 대기발령을 받고 금성사와의 인연을 마감해야 했다.

이유는 간단했다. 담당 임원께서 그분과 일하기를 거부하는 기피 선언을 해 버리셨기 때문이다. 그리고 다른 어느 부서에서도 이분을 받기를 거부했다. 왜 이런 일이 일어났냐 하면 K 부장님의 업무 스타일 때문이었다.

K 부장님의 스타일은 위에서 언급했던 '똑똑한데 정이 안 가는' 사람이었던 것이다. K 부장님은 일에 있어서 탁월하신 분이셨지만 독불장군이셨고 다른 사람과 더불어 일하기보다는 자신의 판단이 옳다고 생각하면 돌격 앞으로 식이셨다. 부하들은 독재에 시달렸고 상사분들은 타협을 모르는 K 부장님을 매우 다루기 힘들어하셨다. 얼마나 윗사람, 아랫사람에게 당당하셨던지 내부에서는 혹시 로열(그룹 Owner 집안)이 아니냐는 의혹까지 제기되었을 정도였다. 당시 나의 상사였던 인사부장께서 괴로운 모습으로 대기발령의 부당함을 주장하는 K 부장님의 피 끓는 열변을 듣고 계시던 모습을 잊을 수가 없다.

입사 면접을 할 때도 대부분의 기업에서는 그 사람의 능력과 면접 시의 논리적 대처능력 등을 주로 볼 거라고 생각하겠지만 이면에서 중요하게 Check되고 있는 부분은 이 사람이 일을 할 때 다른 사람과 더불어 잘할 수 있겠는가 하는 부분이다. 친구도 그렇고 회사 동료도 마찬가지로 대부분의 사람들은 '명석하고 일도 잘하고 똑똑한데 정이 안 가는' 사람보다는 다소 부족한 면이 있더라도 '매사에 적극적이고 협조적이며 더불어 일하기 편한' 사람을 선호한다. 왜냐하면 회사는 하나의 조직이고 조직의 힘, 다시 말해서 조직력은 돈독한 인간관계가 중요하기 때문이다.

회사는 개인보다는 조직을 중시한다. 사람들은 남들에 비해 능력이 뛰어나다고 남들도 인정하고 자신도 인정하는 순간부터 오만과 독선에 빠지기가 쉽다. 이런 상황이 오래 지속되면서 언제부터인지 모르게 조직 내에서 따돌림을 받고 있는 자신을 발견했을 때, 그때는 이미 늦은 때이다.

Note

회사라는 곳은 똑똑한 사람보다 더불어 일하기 좋은 사람을 선호한다.

회사생활을 하면서 사람들은 굳이 말을 하지 않더라도 많은 의사표현을 하고 있다. 어떤 것일까?

- 저는 아침에 일찍 출근하는 규칙을 잘 지키는 사람입니다.

- 저는 근무시간에 딴 짓 하지 않고 열심히 일하는 근면한 사람입니다.

- 저는 술 마신 다음 날도 까딱없고 한 번도 병가를 낸 적이 없는 건강한 신체의 소유자입니다.

- 저는 이틀 날밤을 새워도 쌩쌩한 독한(?) 놈입니다.

- 저는 업무 Presentation 시 아무리 곤란한 질문이 들어와도 능숙히 나의 의견을 개진할 수 있는 유능한 사람입니다.

- 저는 이런저런 업무에서 탁월한 성과를 올린 바 있습니다.

반면 이런 의사를 표현하는 사람도 있다.

- 저는 일을 시키면 일단 그 업무를 피할 구실을 찾으려고 열심

히 노력하는 자세를 보입니다.

- 술 먹은 다음 날 저 늦는 거 잘 아시죠?

- 근무시간은 취미생활과 병행하는 것이 좋더라고요.

- 저는 고도리로는 밤을 새워도 업무로는 밤을 새우는 것이 불

가능한 체질입니다.

- 약한 감기라도 걸리면 집에서 푹 쉬고 다음 날 나오는 것이 회

사 입장에서도 이득 아닌가요?

- 많이 떼어먹는 것도 아니고 경비 좀 떼어먹어도 뭐가 문젭니

까? 제가 회사를 위해 얼마나 열심히 일하는데…….

- 저는 제 업무에서 뚜렷한 성과를 낸 적도 없고 앞으로도 그럴

의지가 별로 없는 사람이올시다.

일이란 게 어디 하고 싶어서 하는 건가요? 목구멍이 포도청이죠.

- 같은 머슴끼리 왜 이러세요?

평가시즌이 다가와서 평가에 대한 협의를 하거나 조직의 필요에
의해 특정인의 업무를 다른 업무로 전환하려고 할 때 Claim을 거는
사람들을 보면 이런 측면에서 갑갑할 때가 많다. 개인의 희망을 충분
히 수렴하여 만족스러운 평가를 해 주고 본인이 희망하는 가장 최적

의 업무를 할 수 있도록 배치하는 것이 가장 좋겠지만 일이 그렇게 간단치만은 않다. 중요한 것은 개개인이 평소에 평가와 배치에 감안할 만한 충분한 의사표현을 능력과 태도와 업적을 통해 표현하고 있었고 상급자는 그런 부분들을 항상 Monitoring하고 있다는 점이다.

평가가 이루어지는 시점 혹은 새로운 인원배치가 필요한 시점에서 평소 각자가 꾸준히 표현해 왔던 의사표현이 간과된 채 내가 던지는 말 몇 마디로 상황을 순식간에 반전시킬 수 있다는 허망한 꿈을 가지고 있다면 지금 당장 버리기를 권한다.

Note

직장인들은 평소 태도를 통해 많은 의사표현을 하고 있다.
말로만 하는 것이 의사표현이 아니다.

샐러리맨들에게 씀함

국경과 이념, 연령과 인종을 초월하는 것이 사랑일진대 같은 회사에 다닌다고 해서 사랑에 제약을 받는 것은 있어서도 안 되고 있을 수도 없는 일이다. 열심히 일하는 모습이 가장 멋있어 보이는 것이 사람이고 보면 이성과 곁에서 일하다 서로에게 호감을 갖는 것은 어쩌면 당연한 일일지도 모르겠다. 다만 여기에는 크게 두 가지 주의할 것이 있다.

첫째는 누군가와 사귀기 시작하면 입이 근질근질해진다는 점이다. 입이 근질근질해지는 증상은 여러 가지 이유 때문인데 사랑하는 상대와 나와의 관계를 보다 널리 알려서 둘의 관계를 보다 공식화 내지는 기정사실화하여 자신의 소유욕을 충족시킨다는 측면이 가장 강한 것 같고, 누군가에게 내가 처해 있는 이 상황을 이야기해서 조언을 받음으로써 자신의 심리적 안정을 꾀한다는 측면도 있다. 그래서 사내에서 자신과 가장 가까운 사람에게 깊은 이야기까지 털어놓고 조언을 구하곤 한다. 문제는 이렇게 전해들은 측근(?)의 입이 또 근질근질해진다는 데 있다. 대부분의 측근은 이 근질거리는 입을 참지 못한다. 절대로! 하다못해 대나무 숲에 가서라도 이야기할 것이다.

둘째는 꼬리가 길면 밟힌다고 같이 데이트하는 모습이 여럿에 의해 목격되기 시작한다는 점이다. 아무리 표를 내지 않으려고 해도 표가 나게 되어 있다. 사내연애의 가장 큰 문제점은 Open이 되면서부터 시작된다. Open 시기가 "우리 결혼합니다"라는 청첩장을 돌리면서부터라면 매우 축하할 일이고 가장 성공적인 사내연애로 축복받을 수 있다. 하지만 그 이전이라면 여러 가지 문제가 발생한다. 만약에 잘못되어 둘이 헤어져야 할 경우가 생기면 퇴사를 하지 않는 이상은 서로의 얼굴을 계속 봐야 할 것이고 다른 사람까지 이 내용을 훤히 꿰차고 있다면 속된말로 얼마나 쪽팔린 상황이 될까?

언급하고 싶지 않은 상황이 있다면, 임자가 있는 사람끼리의 연애나 임자가 있는 사람과 없는 사람 간의 연애가 될 것이다. Open이 되면 해당 조직 내에서 두 사람의 생명은 끝이 났다고 봐야 한다. 앞에 이야기한 대로 국경과 이념, 연령과 인종을 초월하는 것이 사랑일진대 뭐가 대수냐고 할지 모르겠지만 불륜이라는 타이틀을 달고 있는 이런 유형의 관계는 도덕적 지탄을 받기 때문에 버티려야 버틸 수 없는 심각한 비난에 부딪히기 때문이다. 특히 가장 조심해야 할 것이 유부남의 입인데 마치 자랑하듯이 떠벌리고 다니는 팔불출이 있다는 것이다. 여자관계 복잡한 것이 자랑인가?

멋진 사랑이 됐건 불륜이 됐건 나의 소중한 사랑을 지킬 수 있는

샐러리맨들에게 쏨함

방법은 한 가지밖에 없다. 딱 잡아떼는 것이다! 심지어 여관 정문 앞에서 걸렸다 하더라도 딱 잡아떼야 한다. 아무리 입이 근질거려도 사내 다른 직원한테 이야기해서 그 사람 입을 근질거리게 해서는 안 된다. 그 사람은 진심으로 당신의 입장에 서서 당신의 고민에 대해 조언을 하기도 하겠지만 이면에는 남들이 모르는 새로운 사실을 하나 알았다는 흥분에 휩싸여 있다.

그리고 어차피 도덕적 건전성이라는 것은 인간이 가지는 기본적인 욕망인 성욕을 억제하려는 불합리한 동기로 출발한 사람들이 만든 이상한 가치관이기에 도덕적인 건전성에 대해 강조하고 싶은 생각은 없지만 그것이 보편타당한 진리로 통용되는 것이 현실이고 보면 다른 사람들의 가치관에서 도덕적으로 문제가 있는 모습이 나의 현실일 경우, 그것이 외부로 알려지게 하지 말아야 하는 것은 당연한 것이라는 점을 부연해서 강조하고 싶다.

사내연애로 입이 근질거리시는 사람들은 지금 당장 사내에 친한 사람을 찾아 이성관계를 남김없이 속 시원하게 털어놓자. 참고로 그 이야기를 들어 주는 사람은 당신의 이성관계를 사내에 충실히 전파하는 방송국이다.

Note

사내연애에서 지켜야 할 가장 중요한 원칙은 철저한 보안유지이다.

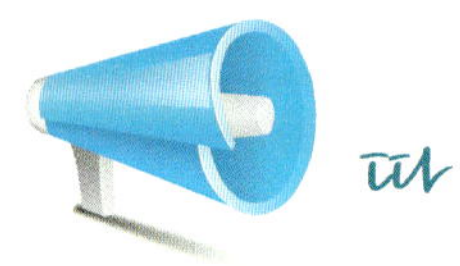

　　직장생활을 하다 보면 여러 가지 단체에 소속되어 모임에 참석해야 할 일이 많다. 동문회도 있고, 서클모임도 있고, 부부동반모임, 계모임, 친지모임, 돌잔치, 생일잔치, 결혼식, 장례식, 회갑연 등등……. 많은 모임이 주위에서 일어나고 있고, 나이가 들수록 참석해야 할 모임의 수가 늘어나고 있다는 것을 느낀다. 회사에서도 각종 행사가 많은데 팀 회식도 있고 조회, 가끔씩 워크숍, 야유회, 체육대회 등이 있다.

　　필자가 가기 싫어하는 모임이 있었는데 언제 그 모임이 있다는 소식이 오면 안 갈 수 있는 핑계를 찾기 시작했다. 이 핑계 저 핑계 온갖 핑계를 대면서 자주 빠지다 보니 아마 그 모임의 구성원들도 필자가 그 모임에 참석하기를 싫어한다는 것을 안 모양이다. 언제부턴가는 그 모임이 있었다는 것을 나중에 알았다. 통보조차 하지 않은 것이다. 통보를 받고 핑계를 대서 가지 않은 것과 통보조차 받지 못하고 가지 못한 것은 기분이 많이 다르다. 그 모임의 사람들이야 어차피 통보해 봐야 핑계만 대고 오지도 않을 것이고 해서 통보도 하지 않은 것인

만큼 탓할 것은 없지만 솔직히 불쾌했다. 원인제공자가 필자인데도 불쾌했다니 참 어불성설이다.

일상적인 모임에서야 이렇게 '따'를 당해도 크게 손해 볼 것이 없지만 회사생활에서 이렇게 '따'를 당하면 곤란하기 때문에 회사 행사에는 가급적이면 적극적으로 모두 참여하여야 한다. 하지만 그중에는 가고 싶지 않은 자리도 솔직히 많다. 일도 바쁘고 가 봐야 뻔한 자리고 내가 별로 좋아하지 않는 사람이 그 자리에 온다고 하는 등등의 상황이 예견되기 때문이다. 특히 높은 분과 자리를 같이할 때면 편하게 밥을 먹는 자리에서도 머리를 쓰고 있어야 하기 때문에 소화가 잘 안 되고, 술을 마셔도 머리를 쓰고 있어야 하기 때문에 술이 잘 안 취한다. 그래서 솔직히 싫지만 그게 조직 생활이다.

특히 회식은 정보공유의 장이요, 친교의 장이다. 상사의 솔직한 피드백을 들을 수 있는 기회도 쉽게 얻을 수 있다. 꼭 참석하자!

Note

팀, 회사 행사에는 꼭 참석해야 한다. 월급에 그 값도 포함되어 있다.

보안이 중요한 이유

　　회사에서 보안이라는 낱말의 의미는 쉽게 말해서 외부에서는 파악해서는 안 될 회사 내부의 정보가 외부에 누설되지 않게 잘 보호하는 것이라고 할 수 있다. 그럼 왜 외부에 누설되면 안 되는가? 대개의 경우 '회사에 해가 되므로' 또는 '경쟁사에 이익이 되므로'라고 생각할 것이다. 나는 조금 다른 각도로 이 문제를 이야기하고 싶다.

　　몇 년 전의 일이다. 동일 업종의 경쟁사에서 퇴직을 한 후에 당시 내가 근무하던 부서로 입사한 C 씨는 매우 유능한 사람이었다. 풍부한 경력에 강한 추진력과 일솜씨로 동료들의 부러움을 샀다. 그러던 어느 날 회사에서는 그가 퇴직한 회사의 특정한 정보가 필요했고 C 씨에게 그에 관련된 조언을 구했다. 그때 C 씨가 꺼내 놓은 것은 뜻밖에도 그가 퇴직한 회사의 로고가 선명한 관련 보고서였다. C 씨는 퇴사하면서 본인이 관리하고 있었던 업무와 관련된 중요한 정보들을 가져온 것이다. 그 정보는 물론 매우 요긴하게 사용되었지만, 스스로 직장인으로서의 신뢰성에 의심을 받는 우를 범하는 꼴이 되어 버렸다.

왜냐하면 C 씨는 회사에서 유용한 정보를 빼내 갈 가능성이 매우 높은 위험인물이 되어 버렸기 때문이다.

자기가 몸담고 있는 회사의 정보를 외부에 누설한다는 것은 1차적으로는 회사에 불이익이 되기도 하지만 누설한 당사자에게 더 큰 해가 되는 경우가 많다.

역시 실제 있었던 일이다.

나의 지인 A는 근무하던 옆 부서에 갔다가 경쟁사의 이틀 전 전사실적보고서 사본이 최종결제라인의 코멘트까지 달린 채로 책상 위에 놓여 있는 것을 보고 경악을 금치 못했다고 한다. 그 부서사람에게 놀라움을 표시하며 어떻게 이런 정보를 입수할 수 있느냐고 물었더니 자세한 이야기는 피했지만 경쟁사 기획부서의 한 사람이 보고서를 보내 주고 있으며, 그 대가로 보고서 1Copy당 상당액의 금액을 제공하고 있다는 뒷이야기였다.

돈으로 경쟁사 사람을 매수하면서까지 경쟁사의 정보를 빼낸다는 것이 뒷맛을 씁쓸하게 했고, 자신을 신뢰하고 일을 맡기고 있는 회사의 중요한 정보를 돈 몇 푼에 양심이고 윤리고 모두 팽개쳐 버리고 경쟁사에 팔아넘긴 그 사람에 대해서 뭐라 말할 수 없는 여러 가지 생각이 들었다고 한다.

이건 엄연한 범죄이다. 그 사람은 몇 푼의 돈에 가장 비싸야 할 자신의 양심을 팔아먹은 범죄자이며, 자신을 믿고 일을 맡긴 회사의 기대를 저버린 배신자이자, 부모와 배우자 그리고 자식 앞에 부끄러운 사람이고, 자신의 양심의 소리에 괴로워해야 하며, 발각이 두려워 전전긍긍해야 하는 불쌍한 하수이다.

보안을 지키는 것은 회사를 위해서이기도 하겠지만 무엇보다 나 자신을 위하는 것이다.

Note

자신에게 월급을 주는 회사의 정보를 쉽게 흘리는 것은, 가장 비싸야 할 자신의 信義를 천당에서 지옥으로 떨어뜨리는 갓이다.

샐러리맨들에게 씀함

대화와 토론의 차이

　　회의를 한다거나 세미나를 할 때 왕왕 느끼는 일이지만 똑같은 자리에 있었던 사람들일지라도 나중에 와서 하는 얘기는 제각각이라는 것을 알 수 있다. 심지어 같은 사람이 동일한 내용을 다시 듣는다 하더라도 이해하는 내용이 달라질 수도 있다. 사람들은 자기 나름대로의 필터를 가지고 있다. 지나간 모든 일을 하나도 빠짐없이 기억할 수 없기 때문에 나름대로의 필터를 가지고 입력된 정보를 가공해서 저장공간으로 보내기도 하고 휴지통에 버리기도 한다. 이 필터는 한 사람이 배운 지식과 지라난 배경, 경험, 감성, 인격 등에 의해 형성되어 온 것이어서 다른 사람과 똑같을 수는 없다. 이 점이 사람과 사람이 서로의 의사전달을 함에 있어서 어려운 부분의 출발점인 것 같다.

　　대화라는 것은 긴장이 다소 풀려 있는 상황에서 서로가 편하게 의사전달을 주고받는 과정인 데 비해 토론은 사전에 어느 정도의 준비과정이 이루어진 대화이다. 그래서 대화라는 것은 실수도 있을 수 있고 오해도 발생할 확률이 토론보다 높다. 하지만 평상시 업무상의 대화를 토론을 준비하는 것처럼 이야기할 내용을 면밀히 분석하고 대응논리를 세우고 만약에 있을지도 모를 실수를 대비하는 등의 과정을 거쳐서 하는 사람은 없을 것이다.

편하게 나눠야 할 업무대화에서 면도날 논리를 번뜩이며 한 치의 실수도 용납하지 않는 기세로 불꽃 튀는 토론장을 만들어 버리는 사람들을 보면 정나미가 딱 떨어진다. 회사에서 주고받는 업무 대화가 정확한 논리만이 허용되는 살벌한 토론이어야 한다면 활발한 Communication은 물 건너가는 것이다.

水至淸則 無魚(수지청즉 무어)하고, 人至擦則 無徒(인지찰즉 무도)니라.

물이 너무 맑으면 고기가 없고, 사람이 너무 살피면 친구가 없다.

Note

편해야 할 업무대화를 한 치 빈틈없는 토론의 장으로 변질시키곤 하는 사람의 주위에는 침묵하는 사람들이 많아진다.

샐러리맨들에게 告함

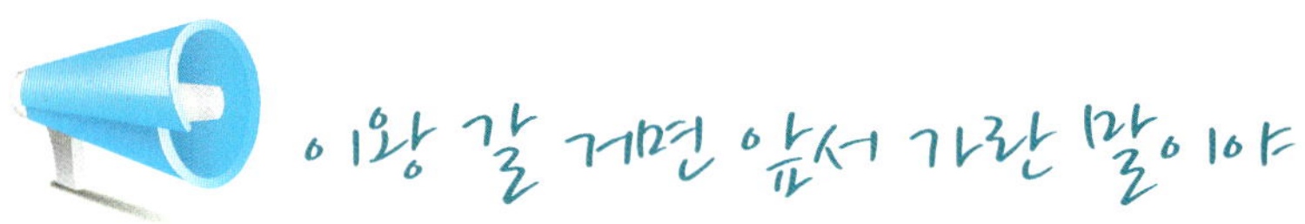

어이 K 군, 오늘은 내가 당신한테 세 가지를 지적해 줄 테니까 잘 들어 봐.

첫 번째, 당신 신입으로 입사한 지 이제 고작 6개월이야. 신참이 아침 9시 근처에서 간당간당 출근해서야 되겠어? 신입사원의 출근시간은 9시가 아니라 8시 반이야 8시 반! 아침에 일찍 와 있다는 것이 어떤 의미인 줄 아나? 뭔가 열심히 해 보려고 하는 모습을 보이고 있다는 자세, 바로 그거야. 입사한 지 얼마 안 된 친구가 9시 근처에서 왔다 갔다 하고 있으면 신입사원다운 맛이 느껴지겠어? 게다가 가끔씩 지각까지? 1분을 늦건 1시간을 늦건 지각은 얼마나 늦느냐가 중요한 것이 아니라 지각을 한다는 그 자체가 중요한 거라는 것을 잊어선 안 돼.

두 번째, 지각은 그렇다 치고 회의 땐 왜 늦지? 물론 고참이라고 해서 회의 때 늦는 것이 당연하다는 건 아냐. 하지만 고참들 다 와 있는데 신참이 고개 푹 숙이고 늦게 들어오는 건 아니올시다 이거지. 회의시간 늦는 것은 업무에 바쁜 다른 사람들한테 막심한 피해를 주는 행동이자, 회의 Start부터 서로 기분을 상하게 하는 아주 나쁜 버릇이라고. 더구나 신입 때부터 그러고 다니면 싹수가 노랗다고들 속으로 놀리지 않을까?

　세 번째, 밥 먹으러 갈 때, 회식하러 갈 때 왜 그렇게 동작이 느려? 신입사원이면 빠릿빠릿한 맛이 있어야 할 거 아냐? 주섬주섬 뭘 그렇게 챙길 게 많아? 남들 다 엘리베이터 앞에 서 있을 때 혼자 정리 못 하고 자판 두들기고 있었던 적이 한두 번이 아니잖아? 점심 먹으러 가는 시간, 회식하러 가는 시간, 이런 시간들은 다 사전에 정해져 있는 시간들이고, 신입은 때가 되기 전에 업무를 종료하고 선배들이 일어서면 잽싸게 따라나서거나 먼저 일어나서 앞장을 서야 하는 게 당연한 거 아니겠어? 이왕 갈 거면 앞서 가란 말이야! 대충 중간쯤에 묻어 다니는 인생은 그냥 중치기 인생으로 끝나는 거라고! 벌써부터 싹수가 노래서 어쩌려고 그래? 이 깝깝아~.

Note

졸병 때는 매사에 일찍 오고 앞장서고 빠릿빠릿하게 행동해야 한다.

샐러리맨들에게 씀함

나는 통상 하루에 수십 통의 e-mail을 받고 많은 양의 e-mail을 쓴다. 그 많은 메일을 받으면서 상세히 읽어 보게 되는 메일이 있는 반면 읽어 보지도 않은 채 바로 지워 버리는 메일도 많다. 수많은 메일을 읽고 쓰면서 메일이 중요한 Communication 수단으로 사용되는 요즘, 메일을 작성하고 그리고 읽는 것도 업무에서 매우 중요한 Skill이라는 생각을 많이 하게 된다. 그럼에도 불구하고 주위에는 메일을 쓰는 Skill이 의외로 부족한 사람이 많은 것 같다. 그래서 오늘은 사사로이 주고받는 메일에 대한 이야기는 배제하고 업무상으로 주고받는 메일에 대해 이야기를 한번 해 보기로 했다.

메일은 간략해야 한다. 요점만 정확하게 전달하는 간략한 메일이어야 한다는 뜻이다. 요즘 직장인들은 대부분 수많은 메일을 처리하여야 한다. 중요한 메일이 아니라면 제대로 정독할 시간도 별로 없다. 만약 긴 설명이 필요한 경우라면 전화나 직접 대면으로 해결하는 것이 더 좋고, 꼭 메일을 통해 설명할 상황이라면 간략한 문안으로 서

두에 정리한 후 설명을 하단에 배치하여 상대방이 요점을 먼저 이해한 후에 설명을 읽게 하는 것이 바람직하다.

작성은 두괄식으로 해야 한다. 결론을 먼저 이야기하고 그 뒤에 부연설명을 달아야 한다. 장황한 글 뒤에 결론을 이야기하게 되면 읽다가 지쳐 결론을 읽지 않을 수도 있다.

핵심적인 문장에는 꼭 강조를 한다. 사람의 눈은 강조된 문장에 가게 마련이다. 강조된 문장은 그 메일이 왜 왔는지를 쉽게 판단하게 해 주고 쓴 사람이 하고 싶은 말이 무엇인지를 쉽게 이해하게 해 준다. 주요한 내용은 줄을 긋거나 색을 다르게 하거나 굵은 폰트로 표시하여야 한다. 하지만 강조된 부분이 많으면 당연히 역효과가 난다.

애매한 표현은 삼간다. 어떤 사람의 메일을 읽다 보면 무슨 이야기를 전달하고자 하는지 잘 모를 정도로 애매한 표현과 문장을 나열하고 있는 사람이 의외로 많다. 하고 싶은 이야기는 정확히 전달하여야 한다. 난처하다고 해서, 직격탄 같아서 둘러서 말해 본다는 것이 의미전달까지 왜곡될 정도라면 메일을 쓰는 의미가 무엇일까? 표현력이 부족한 사람은 능력을 향상시키는 노력을 해야 한다. 하고 싶은 이야기는 애매하게 하지 말고 정확히 전달할 수 있어야 한다. 특히 상사에게 메일을 보낼 때 윗분에 대한 어려운 마음 때문에 완곡한 표현을 쓰는 경우에 의사전달 미흡이라는 역효과가 날 수 있다.

증거가 남는다는 사실에 유의한다. 메일은 증거로 남는다. 원문 그대로가 저장된다. 그래서 업무상 메일에 사소하건 중대하건 실수

샐러리맨들에게 쓰함

가 있는 경우에도 그대로 흔적이 남는다. 그래서 중요한 메일의 경우에는 두 번 세 번 확인하는 습관이 필요하다. 업무 Process상 증빙을 남길 필요가 있을 경우에는 메일이 좋은 수단이다. 전화상이나 구두상 약속은 증빙이 남지 않는다. 메일로 보내 놓으면 나중에 업무의 근거가 된다. 요즘은 상대가 메일을 받았는지 안 받았는지 Check하는 기능까지 쓰는 경우가 있기 때문에 완전히 꼼짝 마라이다. 하지만 메일을 가지고 증거 운운하면서 피곤한 사람으로 Positioning되면 인간관계가 악화된다는 부작용이 따르게 된다.

흥분했을 때는 메일을 쓰지 말자. 누군가가 쓴 메일에 흥분을 해서 답장을 쓰건, 무언가에 흥분을 해서 메일을 쓰건 흥분해서 쓴 메일은 꼭 후회를 하게 된다. 흥분을 했을 경우에는 냉정을 되찾았을 때 메일을 쓰거나, 작성한 메일은 일단 보내지 말고 기다렸다가 다음 날 내용을 한 번 더 검토하고 보내는 것이 현명하다. 흥분해서 쓴 메일은 아무래도 표현이 거칠 수밖에 없기 때문에 상대방을 자극하는 문구가 많다. 아무리 흥분 안 한 척 메일을 써도 그 문맥 속에 숨어 있는 칼날들은 상대방이 알아낼 정도로 날이 서 있을 수밖에 없다.

제목이 중요하다. 제목만 가지고 메일을 읽을 것인지 안 읽을 것인지 판단하는 사람도 많다. 제목을 신문 상단 Head copy 정도로 생각해야 한다면 적절한 표현이 될지 모르겠지만 제목만 가지고도 본문의 내용이 어떤 내용이 될지 짐작이 가능해야 한다. 제목 중에 안 좋은 제목의 대표적인 예를 들면 '안녕하세요'이다. 열어 보지 않고서는 도무지 내용을 짐작할 수 없다. 제목이 안녕하세요라고 달린 메일은 제목을 다는 데 정성을 기울이지 않은 메일이다. 예컨대 '내일(18일) 휴가요청의 건' 이런 식이면 제목만 봐도 그 사람이 나한테 왜 메일을 보냈는지 금방 파악이 가능하고 내용에는 왜 그 사람이 내일 휴가를 내려 하는지에 대한 내용이 있을 것이라고 기대할 수 있다.

첨부에 신중을 기한다. 첨부는 가급적 하지 않는 것이 좋다. 내용이 조금밖에 되지 않는 문서라면 첨부로 하지 말고 메일에 직접 적는 편이 낫다. 첨부는 다시 한 번 열어야 하는 번거로움이 있기 때문이다. 때문에 첨부는 읽히지 않을 확률도 매우 높다. 문서를 첨부하는 경우라면 문서의 내용을 요약하여 메일의 본문에 적어 주는 것이 좋다. 첨부의 내용을 미리 알게 해 주는 것, 그것이 바로 팬 서비스다. 첨부에 대해 또 한 가지 지적하고 싶은 것이 있다. Microsoft의 Outlook Express라는 메일 Tool은 아무래도 첨부에 대한 배려가 부족한 듯하다. 나도 첨부를 해야 하는 메일임에도 불구하고 깜빡하고 첨부를 하지 않고 보내는 경우가 가끔 있다. 이것을 유식하게 지적해 보면 User Interface가 썩 훌륭하지 않다는 뜻이다. Tool을 탓할 수도 있겠지만 어쨌거나 사람들이 흔히 저지르는 실수가 첨부가 없는 메일이다. 첨부가 되지 않았음을 금방 알아채고 죄송하다며 바로 다시 보내는 경우도 낯간지럽지만 그것마저 알아채지 못하고 첨부 없는 메일만을 보내는 경우에는 이만저만한 실례가 아니다. 그것이 중요한 메일이라면 더욱 그렇다. 신중하지 않고 실없어 보이는 첨부 미부착

샐러리맨들에게 告함

사고는 항상 주의토록 해야 한다.

수신에 신중을 기한다. 종종 발생하는 일인데 나하고는 연관이 거의 없는 업무와 관련한 메일의 참조에 내 이름이 올라 메일을 받게 되는 경우가 많다. 혹시 나랑 관련이 있을까 해서 정신을 차려 읽어 보지만 역시 시간이 아까운 경우가 될 가능성이 크다. 사람들 중에 유난히 참조를 좋아하는 사람들이 종종 있다. 그 사람들이 참조로 나한테 보내는 메일들에 대해 한두 번 시간낭비를 당하고 나면 다음부터는 불쾌해하며 읽어 보지도 않고 그냥 휴지통으로 직행시켜 버린다. 참조의 의미는 꼭 읽어야 할 대상이니 당신도 이 메일을 읽어야 한다는 의미일 텐데, 약간 관련이 있을지도 모르니까 혹시나 해서 당신한테도 한 번 보내 본다는 그런 의미여서는 곤란하다.

메일을 썼다고 해서 공을 넘겼다고 생각해서는 안 된다. 보고하기가 난처하거나 구두상으로 하다가는 왕창 깨지게 생겨서 궁여지책으로 메일을 쓰는 경우가 가끔 있다. 상사의 답장이 없으면 휴~ 하고 한숨을 내쉬어 보지만 폭풍은 지나간 것이 아니다. 귀퉁이 잘 안 보이는 위치에 조그마하게 하고 싶은 중요한 메시지를 적어 놓고서는 나중에 "지난번에 메일로 보고 드리지 않았습니까." 하고 억지를 부려서도 안 된다. 이건 마치 상사의 집중력과 신경질을 Test하는 것과 같다. 이런 잔머리는 곤란하다. 스스로의 명을 이런 식으로는 재촉하지 말자.

메일은 중요한 Communication 수단이기는 하지만 회사의 운명이

왔다 갔다 하는 내용을 메일로만 보고하고 결정하는 경우는 잘 없을 것이다. 그것은 메일이 가지는 한계를 의미한다. 서두에도 밝혔듯이 요즘의 직장인들은 많은 메일을 받는다. 그리고 여러 가지 바쁜 업무 속에서 많은 메일을 처리하기 위해서는 숙독보다는 속독이라는 방법을 쓰지 않을 수 없다. 중요한 내용을 메일로만 처리하려 하면 안 된다.

스팸 메일은 따로 받는다. 내가 받는 메일 중에는 꼭 받아야 하는 메일도 많지만 쇼핑업체에서 보내는 제품 카탈로그나 광고 홍보성 스팸 메일도 많다. 스팸 메일을 받지 않으려고 업무상 쓰는 e-mail 주소는 필요한 사람들에게만 공개하지만 일반 Site 방문 시에 자신의 프로필 난에 무심코 적어 놓은 e-mail 주소 때문에 귀찮은 메일을 계속 받게 되는 경우가 있다. 물론 이런 메일은 바로 휴지통으로 가도록 설정해 놓기도 하지만 이것도 귀찮은 일이다. 요즘 무료 e-mail 계정을 받는 것은 누워서 떡 먹기(누워서 떡 한번 먹어 보면 누워서 떡 먹기란 말의 원초적 의미가 무엇일까를 다시 한 번 생각해 보게 된다)이고 이런 탓에 개인의 e-mail 계정이 여러 개인 경우가 많으므로, 그 중 잘 안 쓰는 곳 한 곳을 지정해 놓고 내 e-mail 계정을 공개해야 할 때 스팸성 메일이 날아올 것 같으면 그곳으로 설정하면 편하다.

첨부는 함부로 열지 않는다. 요즘은 e-mail 바이러스가 많다. 약간이라도 수상하면 지워 버리는 것이 좋다. 예전에 사장님한테 온 메일이라 약간의 수상함에도 불구하고 첨부를 열었다가 내가 바이러스의 진원지로 바뀌어서 바이러스 메일을 계속 내 주소록에 있는 사람

샐러리맨들에게 告함

들에게 발송하는 바람에 아주 혼이 난 적이 있었다. 아무리 높은 분이나 친한 사람한테서 온 메일이라도 메일의 내용과 첨부의 내용이 맞지 않다거나, 첨부의 파일명이 수상한 경우에는 아예 열어 보지 말고 지워 버리는 것이 상책이다. 요즘은 치명적인 바이러스도 많아서 하드디스크를 날려 버리고 완전 신입사원(?)의 수준으로 돌아가는 경우도 발생할 수 있다.

메일을 읽는 데에도 Skill이 필요하다. 아침에 출근을 하면 대부분의 경우 기계적으로 메일함을 열어 보게 된다. 메일을 읽고 필요하면 응대를 하며 이렇게 아침을 여는 것이다. 아침시간은 머리가 맑아서 업무효율이 높은 소중한 시간이다. 이런 중요한 시간을 머리 별로 안 써도 되는 메일 정리에 시간을 보내기엔 너무나 아깝다. 중요한 메일이 아니라면 대충 훑어보고 점심 먹고 나서 업무효율이 낮은 시간에 읽거나 답장을 보내는 것이 슬기로운 생활이다. 오전 나절 대부분을 메일 읽기와 응대로 보내는 사람들을 보면 그래서 슬프다.

Note

쓸 때 조금 더 생각하고, 활용 기법에 조금 더 관심을 가지면, e—mail은 훨씬 더 강력한 Communication 수단이 된다.

필자는 1990년대 ICQ부터 시작해서 MSN이나 네이트온, 맥북에서 돌아가는 iChat, 회사에서만 사용할 수 있는 사내 메신저 등 수많은 Instant Messenger를 사용해 왔다. 전화를 들지 않고도 즉각적인 Communication이 가능한데다 파일도 주고받을 수 있고 다자간의 즉석회의도 가능한 등 다양한 장점 때문에 특히 떨어져 있는 장소에서 동시에 같은 프로젝트를 수행할 때는 강력한 힘을 발휘한다. 많은 팀원이 지방, 혹은 해외까지 나가 있는 경우에는 관리자의 입장에서 본다면 팀원을 Manage하고 협업하는 수단으로 이것만큼 요긴한 것은 없는 것 같다.

메신저가 가지는 훌륭한 관리감독의 용도를 눈치 챈 많은 관리자들은 원격지에 있는 팀원들이 제때 출근하는지 안 하는지 자리를 열심히 지키고 있는지 아닌지를 파악하는 데도 유용하게 활용한다. 일반 직원들 역시 열심히 일하는 척, 부지런히 자판을 두들기지만 사실은 메신저로 시시콜콜한 이야기를 주고받으면서 시간을 죽이고 있는 경우도 많은 것이 사실이다.

최근 나는 내 컴퓨터에 있는 모든 메신저를 모조리 지워 버렸다. 편리한 용도도 많은 반면 일에 몰입하고 있을 때 딩동 하고 메시지가 날아오면 집중이 흐트러지기 때문에 '부재 중 설정'을 해 두었는데도 이를 믿지 않고 말을 거는 인간이 한둘이 아니었기 때문이다. 국내에 있는 한국직원뿐만 아니라, 인도, 오스트레일리아, 태국, South Africa에 있는 외국인들도 마찬가지였다. 아니 내가 부재중이라고 했는데 왜 말을 건단 말인가? 내가 그렇게 신용이 불량한 사람인가? 아님 우리나라 사람이나 외국 사람이나 할 것 없이 다 불신의 세상에 살고 있는 걸까? 내가 메신저를 지워 버린 건 성가신 끼어들기도 한 몫했지만 부재중이라고 설정했는데도 그냥 들이대는 무례함이 가장 큰 이유였다.

"너그들 조심혀~ 내가 이름 다 적어 놨어!"

Note

편리해야 할 Messenger가 일의 훼방꾼이 된다면 당장 지워 버리자.

두괄식 보고

졸병일 때는 주로 보고를 하는 입장이었다가, 이제 고참 반열에 들어서고 보니 보고를 받는 입장이 되는 경우가 많아졌다. 얼마 전 부하사원과 있었던 대화이다.

"그건 어떻게 됐지?"

"아! 그게 말이죠. 어쩌고저쩌고……."

"그래서 어떻게 됐단 말이지?"

"잠깐 더 들어 보셔야 됩니다. 어쩌고저쩌고……."

(점점 더 Volume이 높아짐) "그래서 결론이 뭐냔 말이야?"

"네? 결론은 이러이러한데요."

"결론부터 말하면 어디가 덧나나?"

결론을 먼저 이야기하지 않는 것은 다음의 세 가지 이유라고 생각된다.

첫 번째, 주의산만. 이른바 Hypertext형이라고도 하고 꼬리에 꼬리를 무는 군소리 늘어놓기형이라고도 하는데 요지가 무엇인지를 전달하기보다는 산만하게 늘어놓기 바쁜 유형으로, 보고를 받는 사람은 청문회식 압박 문답 기법(예, 아니요로 대답하세요)을 써야 한다.

두 번째, 핑계를 대야 하는 상황. 결론을 먼저 이야기하면 깨지겠고, 장황하게 변명들을 늘어놓은 이후에 결론적으로 말해서 그렇기 때문에 안 됐다 이런 전개다. 결론을 먼저 이야기하면 핑계를 댈 겨를도 없이 깨지게 되는 불쌍한 경우이긴 하지만, 깨질 때 깨지더라도 결론을 먼저 이야기하고 핑계를 대는 부연설명을 하는 것이 맞다.

세 번째, 무용담 자랑. 결론부터 이야기해 버리면 그간 구구절절 그 일이 되기 위해서 봄부터 소쩍새는 울었던가 하는 이런저런 무용담들이 너무 아깝기 때문에 대단한 Story를 늘어놓은 후에야 결론이 나오는 것이다.

어느 경우가 되건 스피드가 중요한 요즘 시대에 보고의 기본은 두괄식 보고다. 결론부터 말씀드리면 이러이러하고, 부연설명을 드리면 어쩌고저쩌고 식으로 이야기를 전개해야 하는 것이다. 윗사람들은 주지리주저리 말이 많고 핑계가 많은 부하를 싫어한다. 명쾌하고 스마트한 이미지를 구축하려면 두괄식 보고를 체질화해야 한다. 그것이 바로 약식보고의 기본 Skill이다.

Note

회사는 바쁘다. 중언무언을 듣고 있을 시간이 없다.
결론 먼저, 핵심 위주로 보고하는 습관을 체질화해야 한다.

이 이야기는 모회사 지방공장에서 있었던 실화이다.

지방에 위치한 그 공장은 지방이라는 특성상 본사에서 대졸 인력을 배치할 때 연고지 중심으로 인력 배치를 하게 되었다. 그러다 보니 그곳의 인력구조는 우수한 인재를 많이 배출하고 있는 해당 지역 소재 명문 G대 출신이 점점 많아지게 되었다. 오랜 세월에 거쳐서 이런 편중현상이 나타나다 보니 공장의 요직은 서서히 G대 출신들로 채워졌고 G대 출신이 아니면 그 공장에서는 행세하지 못한다는 소문까지 나돌게 되었다. 실제로 강한 결속력을 형성한 G대 출신들은 후배들을 챙기고 키우고, 선배들을 따르고 밀어주고 하면서 공장 내에서의 입지를 확대해 갔다. 그 공장에서 G대 출신이라는 점은 자부심이요, 앞길이 탄탄해지는 마치 성공의 보증수표 같은 것으로 인식될 정도였다. 그래서 바람직스럽지 못하게도 능력 있는 해당 지역의 다른 대학 출신이나 서울 소재 대학 출신이 그곳에 가더라도 배타적 성향의 G대 출신들의 견제 때문에 권력의 핵심에 다가서지 못하고 주변인으로 남

샐러리맨들에게 씀함

을 수밖에 없는 곳이 되어 버렸다. G대 출신에게는 천국이지만 타대 출신에게는 별로 달갑지 않은 척박한 곳이 되어 버린 것이다.

특정 출신에 편중된 인사가 장기적으로 어떤 악영향을 미칠 수 있는지를 잘 나타내는 좋은 사례이다.

우리나라 사람들은 모르는 사람과 만나면 상대의 출신지를 궁금해하고 나이는 몇 살이나 되었으며, 대학에서는 어떤 공부를 하였고, 지금은 어디에서 살고 있으며, 슬하에 몇 남 몇 녀를 두었는지 궁금해한다. 왜 이렇게 기를 쓰고 상대방의 신상을 알고 싶어 하느냐 하면 그 사람이 나와 어떤 공통점이 있는지를 찾아보고 공통의 화제를 찾아 동류의식을 느끼면서 대화를 풀어 나가고 이를 통해 상대방과의 긴장을 완화시키려고 하기 때문이다.

동류의식이 상대와의 친밀도를 단시간에 높이는 데 큰 도움을 주는 것은 사실이다. 그리고 나 역시 마찬가지지만 같은 고등학교나 대학 출신, 그리고 군대 등의 선후배는 각별한 의미를 지니게 된다. 하지만 이런 동류의식이 조직 내에서는 자칫 잘못된 방향으로 흐를 수 있다는 점을 경계하여야 한다. 그 잘못된 방향이 바로 파벌이다.

회사 내 Informal Group을 내 방식대로 분류해 보면 크게 두 가지가 있다. 누구나 참여가 가능한 개방형과, 참여가 가능한 사람이 사전에 정해져 있는 폐쇄형이 바로 그것이다.

개방형 Informal Group은 딱딱한 조직의 틀에서 벗어나 타 부서 사람들과도 어울릴 수 있는 좋은 기회가 되기 때문에 활성화가 될수록 좋은 바람직한 조직이다. 볼링도 같이 치고 낚시도 같이 하러 가고……

반면 폐쇄형 조직은 가입할 수 있는 사람의 자격이 사전에 정해져 있고 그래서 원한다고 해서 가입할 수 있는 조직이 아닌 것으로 혈연, 지연, 학연 등과 관련된 Informal Group들이 바로 그것이다. 폐쇄형 조직은 조직이 활성화될수록 성원들의 결속력이 높아질지 모르나 회사 전체 조직의 Teamwork를 위협하는 매우 위험스러운 조직이 될 가능성이 크다. 왜냐하면 폐쇄형 조직이 활성화된다는 것은 그 조직이 노출될 가능성이 높아진다는 것이고, 노출된다는 것은 그 조직에 낄 수 없는 태생적 배경을 가진 사람들로부터 견제와 질시를 받을 뿐만 아니라 다른 유사한 폐쇄형 조직의 결성을 부추겨 조직을 사분오열시킬 가능성이 크기 때문이다.

예전에 내 동생이 여자 친구라고 데리고 온 아가씨가 우리 와이프와 내가 있는 앞에서 동생한테 계속 귓속말을 주고받는 것에 매우 언짢아졌던 기억이 있다. 바로 앞에 있는 우리 부부를 배려하지 않은 이런 행동은 매우 결례라고 나는 생각했고, 결국 그 여자 친구는 나의 심한 반대에 부닥쳐 동생과 헤어져야 하는 비운을 겪어야만 했다. 귓속말을 했다는 한 가지 이유 때문만은 아니었지만 그것이 중요한 이유가 되었던 것은 사실이다.

선배(또는 후배)라는 용어가 있다. 자신과 혈연, 지연, 학연관계가 있는 사람에게만 공공연한 장소에서 선배라는 호칭을 쓰는 것은

샐러리맨들에게 告함

같이 근무하는(그 사람 기준으로 선배가 아닌) 다른 사람들을 배려하지 않는 매우 결례가 되는 용어이다. 자기들끼리 귓속말을 주고받는 것과 다를 바가 없다.

대부분의 조직은 성원의 수가 많지 않다. 좁은 바닥이다. 그 좁은 바닥에서 불필요한 잣대로 편을 가르고 따로 모여서 끼리끼리 돈독한 관계를 형성해 보겠다는 사람들이 있다면, 또는 앞으로 만들 작정을 하고 있다면, 그것이 왜 경솔한 것인가를 짚고 넘어가자는 것이 이 글의 취지이다.

Note

회사생활에서 끈(=줄=Network)은 중요하다.
하지만 끈을 드러내 놓고 엮고 다니면 위험해진다.

퇴직의 의미

최근에 그동안 같이 부대끼며 일했던 몇 사람이 동시에 퇴직을 한다는 소식을 접했다. 입사하고 퇴직하는 일이야 늘 있는 일이고, 업계 특성상 이직률이 높다는 것은 익히 알고 있는 바지만 퇴직하는 인원의 규모와 회사에서 중요한 것을 준비하고 있다는 시기적인 특성 때문인지 예사롭지 않았다. 그래서 퇴직이라는 것이 갖는 의미에 대해 한번 생각해 보았다.

얼마 전에 퇴직한 S 과장을 보면서 나는 참 대단하다는 생각을 했다. 그는 36세라는 적지 않은 나이임에도 유학의 꿈을 버리지 않고 바쁜 회사생활 중에도 착실하게 유학준비를 했고, 자신의 성장을 위해 여러 가지 불안요소가 있음에도 불구하고 머나먼 타국으로 떠났다. 이 자리를 빌려 S 과장의 건투를 다시 한 번 기원한다.

Reset Key를 누르고 싶다! 사람에게도 컴퓨터처럼 Reset Key가 있다면 다시 누르고 새로운 마음으로 출발하고 싶을 때가 많은 것 같다. 물론 회사원에게 이 Reset Key에 해당하는 것이 퇴직인데, 상황이 어렵고 힘들수록 그리고 앞이 안 보일수록 누르고 싶은 유혹은 커진다. 앞이 보이지 않고 그저 암울할 때 손쉽게 선택할 수 있는 방법이 Reset Key를 누르는 것이다. Reset Key를 누를 대안이라도 없는 경우는 근근이 버텨야 하는 처량한 운명에 처하기도 하겠지만……

Reset Key를 자주 누르는 것은 별로 좋지 않은 방법이다. 자주 누르는 사람은 어려울 때마다, 불만이 있을 때마다 다시 누르고 싶을 것이다. 회사생활의 힘든 고비를 맞이했을 때, 어떻게든 극복해 보려 최선을 다하지 않고 퇴직이라는 회피수단을 선택하는 것은 비겁한 일이다. 역경이라는 것은 극복을 함으로써 강해지는 것일진대 퇴직이라는 회피의 길을 선택하곤 하는 것은 개인의 성장을 위해서도 바람직하지 못하다. 인사담당자들은 이렇게 물건 쇼핑하듯 이곳저곳 직장을 옮겨 다니는 떠돌이를 경계대상1호로 간주한다.

쪽정이라고 인식되는 순간엔 떠나자! 조직에서 필요하지 않고 오히려 내가 있음으로써 방해가 된다고 느껴질 때는 과감히 떠나는 용기도 필요하다. 내가 이 자리에 있음으로써 조직은 항상 부담을 느끼고 있으며, 다른 유능한 인재가 이 업무를 맡아 원활히 수행할 수 있는 기회까지 막고 있다면 개인과 조직 모두를 위해 바람직하지 않은 상황이니까.

더 좋은 조건이 제시된다면? 정말 더 좋은 조건인지를 요모조모

냉정하게 따져 볼 필요가 있다. 대부분의 사람들이 Pay에 집착하는 경향이 있는데 Pay보다는 자신의 Value를 높이는 데 그 직장이 얼마나 도움을 줄 것인지가 더 중요하다. 따져 봐서 전직에 따른 Risk를 보상하고도 남을 만큼 훨씬 더 좋은 조건이고 내가 거기서 더 잘할 자신이 있다면? 가야지! 다만 그간 자신을 성장시켜 주고 몰두할 수 있는 일터를 제공해 주었던 회사와 동료들에 대한 다소의 미안함이 문제겠지만(물론 다르게 풀어 보면 그 개인의 능력에 걸맞은 적절한 보상을 해 주지 않은 회사의 System에도 문제가 있다).

앞이 보이지 않는 회사……. 불합리와 권위주의가 만연한 조직풍토, 부패와 부정, 능력 없는 관리자들, 낮은 급여, 열악한 근무환경, 심화되어 있는 조직 간의 갈등, 저조한 실적과 떨어진 사기, 불신 등이 가득 차 앞이 보이지 않는 회사에 계속 몸담고 있는 것은 매우 고통스러운 일이다. 앞이 막막한데 계속 근무해야 하는 답답함에 숨이 막힌다. 이런 상황이라고 판단되면 가급적 빨리 뜨는 것이 현명하다고 나는 생각한다.

회사 입장에서 본다면, 구성원들이 개인의 발전을 위해서 떠나건, Reset Key를 누르고 홀가분하게 새 출발을 하고 싶은 욕망에서 떠나건, 회사의 Vision에 회의를 품고 떠나건, 내가 쭉정이라고 느껴서 떠나건, 더 좋은 조건 때문에 떠나건 간에, 그것이 일부 개인에 국한된 사안일 때는 문제가 덜하겠지만 그것이 전반적인 분위기로 흐른다면 심각하게 우려해야 할 일이다. 퇴직률을 낮추기 위해 회사는 성원들에게 Vision을 제시하고 강한 소속감과 자부심을 갖게 해야 하고, 개개인에게 보다 밀착된 인사관리를 할 필요성이 있다. 필자가 인사업무를 수행할 때 인사의 가장 기본적인 임무로 알고 있었던 네 가지 문구가 있다. 이 문구에 퇴직률을 낮추는 방법이 어느 정도 함축되어 있다고 나는 생각한다. 적합한 시점에, 적합한 사람을, 적합한 보상으로, 적합한 자리에 있게 한다.

Note

퇴직은 힘들어서 때려치우는 회피의 수단이 아니라 나의 발전을 위해서 하는 것이어야 한다.

chapter 2. 觀(insight)

觀照的인 시각을 통해 얻을 수 있는 직장생활에 대한 통찰들

전배랑 교육은 고문관만 가나

옆 팀의 K 대리는 업무로나 인간관계로나 대단히 유능한 친구이다. 그래서 평가도 항상 최상위급을 유지하는 K 대리는 유능하다 보니 업무도 많이 맡게 되고 그래서 항상 바쁘다. 바쁜 가운데서도 웃음을 잃지 않고, 동료가 힘들어하면 자신의 일이 아님에도 발 벗고 나서서 척척 해결해 주는 모습을 보고 있노라면 K 대리의 직장인으로서 앞날은 매우 밝아 보인다. 상사들도 그런 K 대리를 항상 믿음직해하며 깊은 신뢰를 보내고 있다.

하지만 K 대리는 유능힘으로씨 오히려 두 가지 면에서 피해를 보고 있는 듯하다. K 대리는 요즘 자신의 발전을 위해 다른 부서의 업무를 맡고 싶어 했다. K 대리 개인의 발전을 위해서는 다른 업무를 맡기는 것이 좋다는 데 모든 사람들이 공감하는 바였지만, 지금의 부서에서 K 대리가 빠진다는 것은 팀장 입장에서 대단한 Risk를 감수해야 하는 것이고, 기껏 키워 놓았더니 다른 부서에 보낸다는 것이 '죽 쒀서 개 준다'는 속담까지는 아니더라도 그간 K 대리에게 쏟은 정성을 생각한다면 정말 억울한 일이었다. 그래서 팀장은 K 대리에게 지금의 팀에서 K 대리의 성장을 고려하여 업무의 범위를 좀 더 확장해서 계속 맡아 주기를 바란다는 뜻을 이야기했고 K 대리는 자신의 경력관리를 위해서는 업무를 지금 바꾸지 않으면 후회할 것이라는 생각은 들었지만 팀장의 간곡한 청도 있고 그간 정든 팀원들과 헤어지기도 싫은데다 지금 맡은 일을 남에게 넘기자니 믿음직한 후임도 없고해서 그냥 있어 보기로 마음을 먹었다. 하지만 마음 어딘가에는 찝찝한 것이 남아 있어서 그대로 그 업무를 계속하는 것이 못내 마음에 들지 않았다.

두 번째 피해는 이런 것이었다. K 대리는 업무를 잘한다는 평가를 받고 있었지만 본인이 느끼기에는 이전의 지식으로만 업무를 수행하려 들고, 새로운 시도를 하려는 의욕이 갈수록 떨어져서 매너리즘에 빠져 있는 듯한 느낌이 들기 시작했다. 기존의 틀을 깨고 새로운 방식으로 업무를 접근하고자 하는 의욕이 없는 것은 아니었지만 업무에 치이다 보니 그런 시도를 할 여유가 도무지 나지 않았고 업계의 새로운 지식을 흡수할 기회도 부족했다. 그래서 사내외에서 실시하는 좋은 교육에 참가해 보려고 노력하였지만 자신이 빠지는 사이에 업무에서 일어날 혼선을 생각하면 팀장한테 교육받으러 가겠다는 말을 꺼낼 수가 없었다. 교육은 팀원 중 업무가 한가한 사람이나 신입사원 위주로 보내졌고 정작 교육의 필요성을 가장 크게 느끼고 있는 K 대리는 교육의 기회를 좀처럼 갖지 못하고 있었다.

K 대리는 자신의 유능함 때문에 원하는 부서로의 전배도 갈 수 없었고, 교육기회도 제대로 가질 수 없는 아이러니에 빠져 있었다.

J는 입사한 지는 얼마 되지 않았지만 명문 대학원을 졸업했고 우수한 어학능력에다 세련된 외모와 매너로 많은 기대를 모았던 사원이었다. 하지만 막상 팀에서 일을 시켜 보면 요리조리 피할 궁리만 하고 의욕도 없고 맡은 일은 진척이 없어서 블랙홀(업무지시를 블랙홀처럼 빨아들이기만 할 뿐 배출하지는 않는다는 의미)이라는 별명을 얻고 있었다. 왜 J가 의욕이 없는지는 딱히 설명할 수 없지만 기본적인 자질은 우수해 보이는 듯하나 일에 임하는 자세가 직장생활에 잘 적응할 수 없는 한계를 지니고 있는 듯했다. 근무시간에 MP3파일을 다운로드받거나 개인적인 파일을 모은 CD를 굽는 일로 소일을 하고 있었고, 업무회의 때는 비관적인 시각으로 분위기에 초를 치기 일쑤였으며, 맡은 업무는 항상 펑크를 내는 불량감자였다. 이 친구를 맡은 팀장들은 금세 정체를 파악해 버리고는 혼도 내 보고 가르쳐도 보고 적당히 칭찬도 해 보고 했지만 만사가 헛수고였고, 이렇게 일단의 노력을 기울여 보고 수포로 돌아가면 그다음엔 다른 팀으로 쫓아내려고 안간힘을 썼다. 일이 이런 식이다 보니 항상 한가해서 좋은 교육이 있으면 꼭 신청을 하고, 팀장도 회사에 있는 것보다는 '보기 싫은 놈 잠깐이라도 안 보이면 속이라도 편하다'는 생각으로 교육을 보내곤 했다. 타 팀에서 인원요청이 오면 J는 항상 전배 대상 1호였고 그래서 부서도 여러 번 옮겨 다녔는데 이제는 소문이 다 나 버려서 그나마 보

내고 싶어도 받겠다는 팀이 없어져서 전배도 힘들게 되어 버렸다.

전배랑 교육은 고문관만 가나? K 대리처럼 일이 바빠서 교육을 못 보낸다면 교육받으러 가는 사람은 전부 고문관이라야 한다. 하지만 교육이라는 것은 당연히 우수한 인재들에게 우선순위를 두어야 하고 우수한 사람들이 교육으로 얻는 효과가 더 큰 것은 당연한 이치다. J처럼 함량 미달의 사원들에게 교육기회가 더 많이 주어진다면 뭐가 잘못되어도 한참 잘못된 것이다. 한가한 사람들이 교육받을 기회가 많은 회사에 미래가 있을까? 그리고 유능한 인재가 교육을 통해 육성되지 못하는 회사에 미래가 있을까? 교육의 효과는 업무를 보는 시야를 넓혀 주는 것이 1차 목적이고 교육을 같이 받는 사람들과의 인간관계를 쌓아서 Human Network를 넓혀 주는 것이 2차 목적이다. 유능한 사람에게 업무의 시야와 Human Network를 넓혀 주는 것은 당연하다.

전배도 마찬가지다. 회사의 입장에서 본다면 유능한 사람은 다양한 경험을 쌓게 하여 여러 분야에 넓고 깊은 지식을 갖춘 인재로 육성시켜야 한다. 그런데 당장의 업무에 지장을 받는다고 해서 일 잘하는 사람은 전배를 안 시킨다면 팀에서 찍힌 무능력자만 타 팀으로 전배가 가능하게 된다. 물론 능력을 잘 발휘하지 못하던 사람이 업무를 바꿈으로써 좋은 효과를 얻는 경우도 종종 있지만, 유능한 인재의 CDP(Career Development Path)를 잘 관리해 주기는커녕 발목만 붙잡는 경우라면 정말 큰일이다.

무엇이 문제일까? 내가 보기에 문제의 본질은 관리자의 Mind인 것 같다. 관리자의 가장 중요한 Mission 중의 하나는 인재 육성이다. 인재 육성에서 관리자가 가져야 할 기본적인 시각은 부하의 입장에 서서 그를 바라봐 주는 것이다. 나도 나름 오랫동안 직장생활을 했지만 진심으로 나의 입장에 서서 나를 걱정해 주고 나의 장래를 같이 고민해 준 상사는 거의 없었다. 대부분의 상사는 상사 자신의 입장에서 나를 바라보는 시각을 견지하고 있는 듯하다. 무슨 뜻인가 하면 나의 업무배치나 교육 보내는 것 등과 관련해서 상사들은 자신에게 불편함은 없을 것인지 혹은 팀에 어떤 영향을 미칠 것인지를 먼저 염두에 두고 그 전제하에 내가 어떻게 움직여 주는 것이 바람직할 것 같다는 이야기를 풀어 나가곤 하는 것이었다. 그래서 유능한 팀원은 개인의 성장에는 안 된 일이지만 팀의 역량이 줄어들지 않게 하기 위해서는 전배를 막아야 하는 것이고, 업무에 펑크를 내지 않게 하기 위해 교육도 쉽사리 보내 줄 수가 없게 된다. 이는 마치 자신의 사리사욕을 위해서 부하의 희생을 강요하는 것과 같다. 일 때문에 교육을 보내 주기가 힘들다가 아니라 교육 때문에 업무를 조정할 수밖에 없다는 교육 우선의 Mind를 관리자가 가지지 않고서는 유능한 사원은 교육 기회를 쉽게 가질 수가 없다.

진정한 관리자는 팀원이 타 팀으로의 전배를 요청하거나 퇴직의 사를 표명할 때 진심으로 그 사람의 입장에 서서 조언해 주는 사람이다. 자신이나 자신이 속한 사업부, 또는 회사를 염두에 두고 개인의 희생을 요구하는 관리자는 부하들로부터 신뢰를 받을 수 없을뿐더러 대화에서 설득력을 잃게 된다. 진심으로 팀원을 위하는 관리자라면 팀원의 입장에서 가장 바람직한 시나리오를 그려 갈 수 있도록 조언을 해 주어야 한다. 자신이 문제가 있는 경우라면 깊이 반성을 하고, 사업부나 회사가 문제라면 부하들로부터 들려오는 변화의 목소리를 충실히 상부에 전달하고 그 자신도 조직의 변화를 주장하고 직접 변화에 참여하여야 한다.

유능한 팀원을 잃는 것을 두려워해서는 안 된다. 두려워해야 할 것은 팀원들의 인심을 잃는 것이다. 이 사람 밑에 있는 것은 미래가 없다고 부하들이 판단을 내린다면 그 팀의 미래와 그 사람의 관리자로서 미래는 뻔한 것 아닌가? 대부분의 직장인들은 Pay 때문에 회사에 다니는 것이 아니라 개인과 그가 속한 조직의 Vision, 그리고 자신의 미래 모습인 상사를 바라보면서 회사를 다닌다. 회사의 Vision이 보이지 않고 윗사람으로부터 배울 것이 없다면 Pay가 아무리 높아도 사원들은 회사를 떠날 궁리만 하고 있게 된다.

회사는 경로당이 아니다. 부하를 육성하지 않으며, 무능력하고 무기력에 빠진 관리자들이 도태되지 않는 회사에서는 유능한 직원들이 배출될 수 없고 설혹 배출된다 하더라도 유지되지 않는다.

Note

유능한 사람이 다양한 업무경험과 교육기회를 가지는 것은 당연한 것일진대 아이러니하게도 실제는 그렇지가 못하다.

샐러리맨들에게 씀함

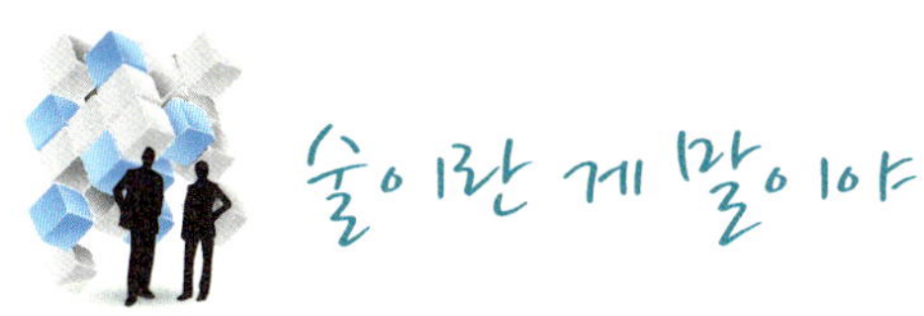

그 일이 터진 건 퇴근 무렵이었다. 내가 잘 아는 관리자 A는 기분이 왠지 멜랑콜리해져서 술 한잔이 생각났다. 분위기를 띄우기 위해 활달한 표정으로 팀원들에게 말을 건넸다.

"자~ 이 정도로 마무리하고 오늘 한잔들 어때?"

직원들의 반응은 신속했다.

"미리 말씀도 안 하시고 회식소집을 하시면 어떡해요?"

"전 약속이 있는데요?"

"저희도 사생활이 있단 말이에요."

사전에 이야기가 안 되어 있었다는 것이 마치 대죄인 양 공격해 오는 팀원들의 빗발치는 항의에 A는 반론도 별로 해 보지 못하고 어깨를 늘어뜨린 채 집으로 향해야 했다.

"야! 박 팀장, 이럴 수 있는 거냐? 요즘 애들은 정말 예의가 없어 예의가. 예전에 우리 졸따구 때 생각 안 나냐? 선배가 술 한잔 하자 하면 무조건 따라갔잖아. 개길 수나 있었어, 어디? 이 약속, 저 약속 다 취소하고 안 따라가면 죽는 줄 알았지. 그것까진 바라지도 않아. 무슨 미리 약속 안 한 것이 큰 죄라도 지은 양 따지고 드는 놈들을 보면 진짜 패 버리고 싶다니깐. 예약해서 먹는 술이 무슨 맛이 나냐? 미리 회식 약속을 해 놓아도 새는 놈은 어차피 샌다구. 팀원들하고 술 먹고 싶은 마음이 뭐 예약해 놓고 생기나 어디? 비가 오면 마음이 울적해서, 날씨가 좋으면 날씨가 좋아서 불현듯 먹고 싶어지는 게 술이잖아. 내가 무슨 알코올중독자도 아니고 그런 일이 자주 있는 것도 아냐. 사정 있으면 '이래저래서 곤란합니다' 하면 될 것을 무슨 큰 권리를 침해당한 것처럼 떠들어 대고 고리타분한 파쇼 관리자 대 합리적 사고로 무장한 신세대 사원의 대결구도로 몰아가는 놈들은 지구를 떠나야 한다구 봐, 난. 또 내가 언제 지들 보고 돈 내라 그랬어? 어차피 회사 돈으로 먹거나 경비처리가 안 되면 한 푼이라도 더 받는다는 핑계로 내가 낼 때가 대부분이라구. 팀원들하고 술 한잔 한다는 게 마치 내 돈 내고 사전에 예약까지 해 가면서 같이 술 먹어 달라고 사정하는 꼴이 되어 버린 것 같단 말이야. 정말 조까터~. 너는 졸따구 중에 같이 술 한잔 하자고 시비 거는 놈 한 놈이라도 있냐? 내가 덕이 없는 거냐? 아니면 요즘엔 그런 놈들이 아예 씨가 말라 버린 거냐? 우리 신참시절엔 선배들이 퇴근 때는 졸따구들이 몰려와서 술 사 달랄까 봐 피해 다니기까지 했잖냐? 그리고 개들이 술이나 제대로 마시냐? 운전한다, 약 먹는다, 체질상 안 맞는다 등등. 온갖 핑계 들이대면서 안주빨만 세우는 놈들이 어디 한둘인 줄 알어? 적당히 망가

샐러리맨들에게 告함

져야 친해질 거 아냐? 술 마실 놈이 차는 왜 갖고 와? 그리고 버스, 지하철 타고 가면 똥 묻냐? 약? 아프면 먹어야지. 근데 보면 그 자식은 만날 약 먹는 거 같아. 체질? 누군 고래체질인가? 나도 왕년엔 한 잔만 먹어도 뻗는 정말 술에 약한 골골 체질이었다구. 이렇게까지 Upgrade(?)된 건 순전히 수많은 선배들의 갈굼과 내 개인의 피눈물 나는 노력의 결과 아니겠냐구. 먹으면 는단 말이지. 자꾸 먹어서 용량을 늘려야 할 거 아냐! 술 먹는 거 이것도 엄연한 실력의 한 Part라구. 봐 바. 요즘 애들은 또 지밖에 몰라. 회사 사람들하고 근무시간 외에 상종하는 걸 무슨 바퀴벌레랑 동침하는 것처럼 생각한다니깐 쓰바~. 이래서 무슨 팀워크가 생기고 콜레보레이션(Collaboration)인지 나발인지가 되겠냐? 참 나~. 그러니까 지 옆에 동료가 일에 치어서 죽을 쑤고 있어도 거들떠보지도 않지. 지한테 똥물 튀길까 봐 안 바빠도 바쁜 척하는 꼬라지 보면. 으이그~. 죽 쑤는 놈도 마찬가지야. 도와달란 말도 잘 안 해. 왜냐하면 지도 옆에서 죽 쑬 때 모른 척한 전과가 있는 놈이거든. 요즘 애들이 얼마나 계산적이냐? 한 번 빚지면 나중에 꼭 갚아야 된다는 둥 하면서 이런저런 잔머리 계산기를 잡아 돌리고 있을 거라고. 근무시간 외에는 상종을 안 하려고 드니 이렇게 인간적인 교감이 부족한 건 당연한 거 아니겠어? 예전 같은 끈끈한 정이 없어 정이. 초코파이 껍데기에 적혀 있는 바로 그 情 말이야 情. 어디서부터 잘못된 거냐? 니가 보기에도 내가 박물관에 고이 모셔 놓고 사람들이 신기하게 바라보아야 할 정도로 오래된 시대의 고리타분한 논리를 갖고 떠들어 대는 거 같냐? 맞어~ 팀원들이 보기엔 내가 곰방대 쪽쪽 빨고 있는 냄새 퀴퀴한 할아버지처럼 보일 거야. 아냐! 선사시대 오스트랄로피테쿠스처럼 보일지도 몰라. 신세대 팀원들에게 이방인이어야 하는 내가 슬프다. 아~ 이 절대고독!"

A는 밤이 늦도록 앞에 앉은 다른 오스트랄로피테쿠스를 붙잡고 열변을 토하고 있었다.

Note

위로 올라갈수록 '외로움'과 점점 더 친해져야 한다. 그게 직장생활이다.

샐러리맨들에게 씀함

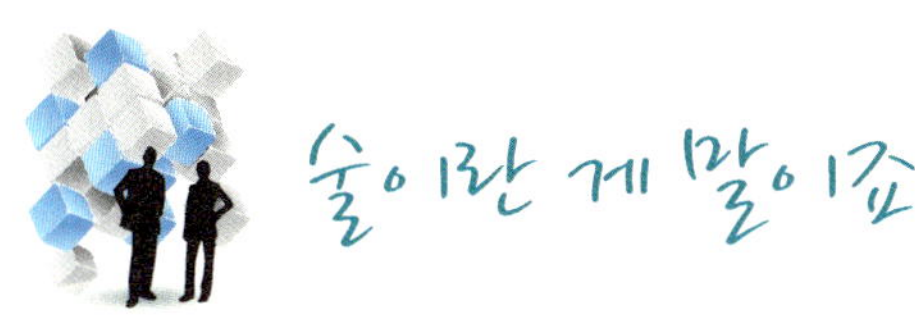

그 일이 터진 건 퇴근 무렵이었다.

내가 잘 아는 옆 팀의 신세대 사원 K는 그날따라 일이 많아서 정신을 못 차리고 있었다. 이런 분위기를 아는지 모르는지 팀장이 활달한 표정으로 팀원들에게 말을 건넸다.

"자~ 이 정도로 마무리하고 오늘 한잔들 어때?"

팀원들이 바쁘다는 것을 뻔히 아는 팀장 입에서 술 이야기가 나오자 B는 갑자기 약도 오르고 화도 나고 해서 한마디를 던졌다.

"미리 말씀도 안 하시고 회식소집을 하시면……."

다른 팀원들의 반응도 차갑기만 하다.

"전 선약이 있는데요?"

팀장은 파트 리더인 L 대리에게 눈을 돌리며 지원사격을 호소하는 눈빛을 보냈지만 팀장의 마음을 가장 잘 이해해 줄 만한 L 대리도 그날은 약속이 있어서인지 묵묵부답으로 거부의 뜻을 표했다. 팀장의 얼굴에는 '나 삐쳤다'라는 글씨가 대문짝만 하게 쓰였지만 아무도 썰

렁해진 분위기를 만회하려고 하진 않았다. 굳은 표정으로 퇴근하는 팀장의 뒷모습을 곁눈질하다가 팀원들은 서로의 눈을 바라보면서 '우리 너무 심했던 거 아냐'라고 수군거리기 시작했다.

다음 날 아침에 나를 찾아온 K는 열변을 토하기 시작했다.

"박 팀장님! 이럴 수 있는 겁니까? 우리 팀장님은 너무하세요, 정말. 저희가 ○○ Project 때문에 한창 바쁜 거 저희 팀장님도 다 아신단 말이에요. 그리고 저희 팀 회식한 지도 사실 얼마 되지 않았다고요. 그런 사정 뻔히 아시면서 퇴근시간 다 되어서 느닷없이 술 마시러 가자고 하시면 정말 곤란한 거 아닌가요? 생각이 있으신지 모르겠어요. 그리고 뻑 하면 옛날이야기를 들이대면서 갈구세요. '나 졸병 때는 선배가 술 한잔 하자 하면 무조건 따라갔다', '이 약속 저 약속 다 취소하고 안 따라가면 죽는 줄 알았다' 이런 이야기 있잖아요. 또 그때는 못살던 시절이었나 봐요. 그 시절엔 선배들한테 술 한잔 얻어먹는 게 큰 횡재거리였던 양 말씀하시지만 요즘이야 어디 그런가요? 그리고 솔직히 말씀드리면 팀장님하고 술 같이 먹고 싶은 생각도 별로 없어요. 팀장님하고 술 먹는 게 우리 즐겁자고 먹는 술인가요? 팀장님 기분 맞춰드리고 팀 분위기 좋게 하자고 마시는 술이라고요. 팀장님 취향이야 부대찌개나 삼겹살, 족발, 아바이 순대 같은 토속적인 메뉴의 신봉자이시지만 저희는 그 세대가 아니라 깔끔하고 깨끗한 분위기를 더 좋아하잖아요. 어쩌다 회식 때 퓨전레스토랑이나 피자 집 같은 데라도 한번 모시고 갈라치면 '그걸 니들은 무슨 맛으로 먹냐', '그

샐러리맨들에게 씀함

거 가지고 밥이 되냐' 등등 얼마나 투덜대시는데요. 술집도 요즘 깔끔한 데가 얼마나 많아요. 칵테일 바나 이자카야, 독일식 흑맥주집 등등. 근데 저희 팀장님은 '역시 술은 소주가 최고야~' 이러시니 기본적인 Protocol이 안 맞잖아요. 지난번엔 장군의 아들인지 홍도야 울지 마란지 그런 촌스러운 영화간판이 걸린 60년대 선술집 흉내를 낸 술집에 갔었는데 홍합껍데기가 바닥에 데굴데굴 굴러다니고 주방에서는 파마머리 아줌마가 머리에 모자도 안 쓰고 음식을 만들고 있더군요. 어떻게 그런 지저분한 곳에 좋다고 우리를 데려가시는지. 분위기뿐만 아니에요. 팀장님과 술을 먹으면 우리 이야기에 귀를 기울이시는 건 뒷전이신 것 같고 저희는 관심 없는 고리타분한 이야기나 썰렁한 유머를 거의 독무대로 장황하게 늘어놓으시는 통에 왕 재미없는 회식이 되기 일쑤라니깐요. 지난번엔 팀장님 슬쩍 빼돌리고 우리끼리 몰래 회식하러 갔다가 걸려서 얼마나 삐치셨는데요. 이래서 되는 건가 하고 일면 반성도 해 보고 팀장님께 연민의 마음이 생기기도 하지만, 같이 가기 싫은 건 싫은 거잖아요. 그리고 요즘이야 자기가 먹고 싶은 만큼만 양껏 마시는 시대 아닌가요? 많이 먹고 싶으면 많이 마시고 적게 먹고 싶으면 적게 마시고. 팀장님은 꼭 졸병들한테 술을 억지로 부득부득 마시게 해서 해롱해롱하는 상태까지 가게 해서는 그 모습을 보고 박수를 치면서 좋아하시는 악취미가 계시거든요. 술 강제로 마시게 하고 망가진 모습을 보며 즐거워하는 이런 가학적인 취미는 꼭 근절되어야 한다고 저는 생각합니다. 지난번엔 성남에 사는 저희 팀 Y 씨 있잖아요. 그 사람은 늦게까지 술 마시면 교통편이 택시밖에 없어요. 여기서 성남까지 가려면 택시비가 한두 푼입니까? 다음날 차 안 가지고 출근할라치면 애로사항은 또 얼마나 많은데요. 그래서 부득불 회식자리에서 좀처럼 술을 안 마시는데 그거 가지고도 얼마나 갈구시는지 몰라요. 사실 늦게까지 안 내빼고 맨 정신에 노래까지 불러 가며 계속 따라다니는 정성을 보면 눈물겨울 정도죠. 이런 말씀들을 안 드려 본 것도 아니에요. 몇 번이고 말씀드렸지만 요즘 것들은 예전의 정이 없다는 둥, 우리 땐 그래 안 살았다는 둥 하시면서 별로 받아들일 생각을 하지 않으세요. 퇴근시간 이후에는 요즘같이 급변하는 시대를 사는 우리 직장인들은 공부도 해야 하고, 다양한 취미활동을 즐길 줄도 알고 그래야 재충전도 되잖아요. 물론 운동도 열심히 해야 하고 또 결혼하려면 데이트도 해야 하고 좀 바쁘겠습니까? 저희 팀장님은 저녁시간 활용 시나리오가 거의 없으신 거 같아요. 혹시 저희 팀장님 요즘 사모님과 사이가 별로 안 좋으신 거 아니에요? 아니면 애들한테 너무 시달려서 귀가 기피증이 생기신 건가? 제가 보기엔 어떻게든 건수를 만들어서 바로 퇴근 안 하실 구실을 찾으시는 거 같거든요. 요즘엔 저희끼리 정이 없다고 만날 뭐라고 하세요. '초코파이 포장지에 적힌 그 情 말이야 情' 하시면서요. 서로에게 피해를 주지 않기 위해 노력하는 거랑 情이라는 것은 다른 의미라고 봐요. 능력이 있으면 빨리 일 끝내고, 능력이 없는 사람은 좀 늦게까지도 할 수도 있고, 문제가 생기면 서로 도와줄 수도 있긴 하지만 매번 동료 중 누군가가 일을 못 끝내고 있다고 해서 그 사람 일 끝낼 때까지 다른 사람도 퇴근을 못 하고 모두 매달려서 도와줄 수는 없는 노릇이잖아요. 일이 지나치게 한 사람한테만 몰려서 항상 그 사람만 힘든 상황을 계속 맞이하는 것은 문제겠지만, 저희 팀은 업무의 분배가 편중된 것도 아니고 일상적인 업무를 할 때는 어떤 땐 바쁘고 어떤 땐 한가하고 또 개인별로 한가한 시차도 다르고 그게 당연하죠. 하지만 저희 팀장님은 축구의 전원공격 전원수비처럼 한 사람 바쁘면 와그르르 몰려가서 도와주는 것이 이상인 것처럼 말씀하시고 안 그러면 情이 없다고 나무라시는데 그게 맞나요? 저도 제 일이 바빠도 주위 동료에게 가급적이면 피해 안 주려고 엄청 노력하거든요. 그게 더 합리적이라고 저는 생각합니다. 바쁜 사람 안 도와주는 것을 마치 정나미 없는 사람들 취급하는 건 그래서 전 억지인 거 같아요. 저희 팀장님은 정말 바뀌셔야 해요. 박 팀장님 도와주실 수 있죠? 오늘 아침엔 갑자기 뜬금없이 저희보고 니들은 내가 오스트랄로피테쿠스 같지?

이렇게 말씀하시대요? 혹시 무슨 뜻인지 아세요? A가 오스트랄로피테쿠스라면 크로마뇽인쯤 되어 보일 정도로 먼 간격이 느껴지는 신세대 사원 K는 한참 동안을 앞에 앉은 다른 오스트랄로피테쿠스를 붙잡고 열변을 토하고 있었다.

Note

요즘 신세대들은 대부분 팀 회식을 좋아하지 않는다.

지식의 공유

알래스카의 에스키모들은 손님이 찾아오면 호의의 뜻으로 자신의 Wife와 하룻밤을 보내게 한다고 한다. 에스키모들은 이른바 '공유'라는 측면에 있어서는 세계 제일(?)의 면모를 보여 주고 있는 듯하다. 물론 이는 다양한 유전자를 받아들여 형질을 발전시키려는 생물학적 의도가 저변에 깔려 있다고도 할 수 있겠지만 자신의 가장 소중하다고 할 수 있는 부분을 다른 사람과 '공유'함으로써 그들은 더욱 돈독한 유대관계를 쌓을 수 있어서이다(그래서 에스키모 여인들은 손님이 오기만을 학수고대한다는데……).

아프리카의 모 부족은 마누라를 서로 맞바꾸는 행사를 가끔씩 열고 마누라를 맞바꾼 두 남자는 피를 나눈 형제 사이 이상의 돈독한 유대관계를 유지한다. 이렇듯 '공유'라는 것은 끈끈한 인간관계의 근간이 되는 모양이다.

다른 이야기를 하나 해 보면, 자전거 타는 방법을 가르칠 때 일본 사람과 한국 사람은 그 방법에 있어 큰 차이를 보인다고 한다. 일본 사람들은 자전거를 가르칠 때 일단 자전거 운전에 필요한 내용들을 사전에 충분히 설명을 해 주고 이해를 시킨 후에 자전거 뒤를 꼭 붙잡고 초심자를 태우고서는 서행을 하며 운전에 필요한 지식을 하나하나 습득하게 하여 초보자가 안전하게 자전거 운전방법을 충분히 습득할 때까지 정성스레 가르쳐 준다고 한다.

반면 한국 사람이 가르치는 방법은 이와는 상당히 다르다. 사전 설명이고 뭐고 없이 초심자를 자전거에 태운 후에 뒤에서 확 밀어 버리고는 일단 한 번 가 보게 한다. 여지없이 초심자는 넘어질 것이고 그때서야 비로소 "그 상황에서는 그렇게 하는 것이 아니라 이렇게 해야지"라는 정보를 하나 툭 던져 준다. 물론 다른 상황에 대한 설명은 이때도 없다. 초심자는 이렇게도 넘어져 보고 저렇게도 넘어져 보고 해야만 비로소 한마디씩 들을 수 있고 무릎과 팔꿈치, 때로는 이마에 시퍼렇게 멍이 들고 딱지가 앉은 후에야 비로소 '상처뿐인 영광' 자전거 운전법을 배우게 되는 것이다.

유명한 음식점에서 일류요리를 배우기 위해서 흘려야 했던 피땀을 이야기해 주는 요리사의 이야기를 들은 적이 있다. 다들 잘 아는 類의 이야긴데 첨에는 칼도 못 잡아 보고 설거지만 1년 넘게 했고 귀동냥, 눈동냥으로 배운 요리를 고참이 다 퇴근하고 나서 한 번 해 보다가 두들겨 맞았느니 어쨌느니 그래서 천신만고 끝에, 몇 년 만에 칼을 잡고 나서 울음이 나올 뻔했다는 등 뭐 이런 한편으로는 안쓰럽기도 하고 눈물도 나지만 내가 보기엔 웃기는 자장면 같은 이야기다.

왜 웃기는 자장면이냐? 설거지라는 것은 크게 배우고 말고 할 게 없다. 그 사람을 요리사로 쓰겠다고 음식점에서 판단해서 뽑았다면 설거지 전담요원은 따로 있어야 하고 바로 칼로 음식을 썰어 내는 방법을 가르치기 시작했어야 한다. 칼 쓰는 방법이야 열심히 배운다면 몇 달 내에 충분히 잘하는 수준에 접어들 수 있을 것이고 그다음엔 막 음식재료를 보는 요령이나 불을 조절하는 방법, 양념하는 방법 등을 가르쳐 나가고 그러면서 경험에서 체득되는 조리법을 나름대로 개발해 나간다면 숙달된 요리사가 되기 위한 기한은 훨씬 더 앞당겨질 것이다. 불필요한 기한은 개인적인 손실일 뿐 아니라 크게 본다면 국가적인 손실이다.

옛날이야기에도 이와 유사한 사례들이 많지 않은가? 자신의 부모를 살해한 원수를 갚기 위해 입산한 어린 동자에게 칼 쓰는 법을 가르치기를 거부하는 사부! 그 동자는 단지 도끼로 장작을 패고 사부의 밥만 해 주기를 몇 해……. 알고 보니 도끼로 장작을 패는 것이 검법의 가장 기본이었고, 그래서 금방 검술의 달인이 될 수 있었다는 그런 이야기들……. 왜 이렇게 사부들은 가르쳐 주기를 거부하고 혹독한 과정을 겪게 하는 심술을 부려야만 했을까? 그들이 단지 자신들도 그런 트레이닝 과정을 거쳤기 때문에 너도 한 번 고생해 봐라 식의 심술을 부리고 있는 것일까?

신입이든 경력이든 새로운 회사나 부서에 배치를 받으면 대개의 경우 간단한 OJT(On the Job Training)가 있고 난 후에 전임자 혹은 사수로부터 업무인수인계를 받고 실무에 막 투입된다. 떠밀려진 자전거에 탄 초심자인 그는 좌충우돌 헤매면서 시행착오를 겪고 때로는 실수도 해 가면서 업무를 배우게 된다. 시간이 없다는 핑계로 혹은

샐러리맨들에게 씀함

뭐 잘하겠지 똑똑하니까, 또는 너 어떻게 하는가 한번 보자 식의 냉담한 주위환경은 적응기의 불쌍한 신출에게 많은 스트레스를 준다.

방관하고 있는 사부들……. 반성이 필요하다. 그래서는 안 된다. 나무를 하라고 시킬 때는 일단 도끼와 지게는 갖추어 줘야 할 것 아닌가? 도끼와 지게가 어디 있는지를 가르쳐 주지도, 사용방법을 가르쳐 주지도 않고 나무를 해 오라니? 내 생각에 우리의 사부들은 진심으로 가르쳐 준다는 데 대한 감사의 마음을 받고 싶은 것 같다. 많은 노력과 경험으로 습득된 지식을 그냥 가르쳐 주기에는 너무나 아까운 것들인데 그것을 쉽게 배운 제자들은 그 지식의 가치를 단지 "알고 보니 뭐 별거 아니네요"라든지 "고맙습니다"라는 말 한마디 하고 배은망덕해 버린다.

숱한 배신의 세월을 겪은 우리의 사부들은 시련과 고통이라는 멍에를 지워서 제자들의 성장을 지체시키면서까지 사부에 대한 감사의 마음과 그들이 가진 지식에 대한 경의의 표시를 받고 싶어 하는 것이다. 사부가 제자에게 자신이 습득한 지식을 가르쳐 주고 난 후 받고 싶어 했던 것은 바로 그 '진심으로 감사하는 마음'이 아니었을까?

우리의 사부들이 노력해서 일구어 놓은 고매한 지식과 축적된 노하우, 그리고 무엇보다도 공유에 대한 경의를 잊어서는 안 되겠다.

Note

오랜 경험에서 우러나오는 지식을 공유해 주시는 분들의 고귀한 베풂에는 깊은 감사의 마음을 가져야 한다

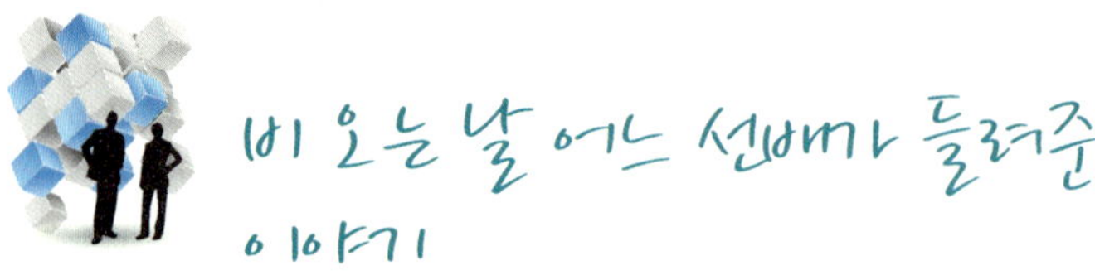

이 글은 강은진 대리라는 후배사원이 업무의 공유에 대해 내가
해 준 이야기를 듣고 동료들에게 보낸 메일이다.

어제 박 모 팀장님이 사수 없이 생소한 업무를 하느라 지쳐 쪼그
라들어 가는 저를 보고 정말 재미난(?) 얘기를 해 주셨습니다.

"일본하고 한국은 자전거 타기를 가르치는 법이 달라. 아나? (똥
글똥글한 눈으로 좌중을 쫙 훑으며) 모르지? 어떻게 다른가 하면, 일
단 한국은 자전거에 무조건 태워! 그리고 너 타고 가라! 그러면서 밀
어! 그러면 어떻게 돼? 박지. 당연히 박아서 피나고 찔찔 짜고 그러지.
그게 끝이냐? 아니야. 넘어진 놈한테 가서, '그것도 제대로 못 하냐!'
라며 뭐라고 하지. 그래 놓고는 '다시 타!' 이러지. 그럼 일본은 어떻게
가르치는가 하면, 처음에 충~분히 설명을 해. 자전거 바퀴가 어떤 식
으로 움직이고, 어떻게 페달을 밟고……. 머 이런 것들을 죽~ 설명해.
그런 다음에 자전거를 뒤에서 잡고 태워서 계속 잡아 주지. 뒤에서 잡

아 주면서도 또 중계방송을 해! '너 진짜 잘하고 있다.' 그런 거지. 언제 손을 놓느냐 하면 내가 손을 놔도 얘가 제대로 가겠다고 확신이 생겼을 때, 그때 손을 놔. 그거야."

"그럼 팀장님, 여기서 우리가 얻어야 하는 교훈은 머죠?"

"…… 꼭 교훈을 얻어야 되나?"

"(불끈) 넵!"

"…… 일본하고 한국은 자전거 가르치는 법이 다르다. 그거 아니겠어?"

"아아~ (엄청 감탄함)"

"……"

"……"

비 무진장 오는 토요일 오후, 바닥에 엄청 박아 가면서 나 홀로 자전거 타는 법 배우다가…… 동기분들도 비슷한 기분이 들까 염려돼서 몇 자 적었습니다.

Note

위트는 어려운 상황에서도 해피 바이러스를 퍼트린다.

솔선수범

　유럽에서는 양 떼를 몰고 다닐 때 양의 길잡이를 개가 한다. 양치기 개는 뛰고, 무섭게 짓고, 때로는 길을 벗어난 양을 물면서 양들을 원하는 방향으로 몰아간다.

　노란 옷을 입은 유치원생들의 귀여운 행렬을 지켜본 적이 있었다. 둘씩 손을 잡고 참새 짹짹! 매미 맴맴! 하면서 걸어가던 그 행렬의 앞에는 챙이 긴 모자를 쓴 선생님이 걸어가고 있었다. 횡단보도 앞에서 그 선생님은 좌우를 살피고 차가 오지 않음을 확인하고는 손을 번쩍 들고 선두에 있는 한 아이의 손을 잡고 횡단보도를 건너가기 시작했다. 꼬마들은 모두 손을 들고 횡단보도를 질서 정연하게 걸어가고 있었다. 앞장선 한 사람 선생님의 시범 때문인지 대오는 흐트러지지 않았고 아이들은 조잘조잘 갈 길을 안전하게 잘 가고 있었다.

　전통적인 관리자들이 집착하는 패러다임은 양치기 개의 경우와 유사하다. 감독하고 지시하고 소리치며, 이탈하면 물어 버린다. 자신이 원하는 방향으로만 부하들을 몰아간다. 용기 있는 양들이 가끔 이

탈을 해 보지만 발목을 몇 번 물리고 나면 고분고분해진다. 혹 양치기 개를 걷어차기라도 한 용감한 양은 혹독한 대가를 치른다. 이런 파쇼상태가 지속되면 양은 순종적으로 변하게 되고 노예근성에 젖어 있는 양들만 남게 된다. 파쇼는 소극적이며 안이한 조직문화를 창출한다. 부하들은 상사가 원하는 대로 움직이는 것이 가장 안전한 길이요, 출세의 길임을 알아차린다. 감독하고 지시하기를 기다려 보고 불확실할 때는 뭉그적거리다가 위의 뜻을 알게 되었을 때 우르르 그쪽으로 몰려가면 그만인 것이다. 파쇼는 양들을 이렇게 교육시킨다. 요컨대 '생각은 내가 한다', '너희는 시키는 대로만 하면 아무런 문제가 없어'. 지시를 기다리는 양들은 기계적으로 반응할 뿐, 아무런 적극성도 없고 일에 대한 호기심도 없다. 지시가 없으면 불안하다. 지시가 없으면 움직일 수 없기 때문이다. 불확실할 때는 미적거리고, 지시를 받게 되면 우르르 몰려다니는 양들로 구성된 조직은 위에서 보기에는 일사불란하고 생산적으로 움직인다고 착각할 수도 있지만, 감독이 없으면 좌표를 잃은 나침반처럼 배는 표류하고 만다.

진정한 관리자는 짖고 무는 것이 아니라 아이들 앞에서 몸소 손을 들고 횡단보도를 건너는 시범을 보인다. 궁예가 초기에 민심을 사로잡을 수 있었던 것은 그들과 같은 것을 먹고, 그들과 같은 곳에서 생활하며, 백성을 사랑하고, 전쟁에서 목숨을 두려워하지 않고 가장 선두대열에서 칼을 휘둘렀기 때문이다. 이제까지 대다수 관리자들은 양치기 개처럼 행동하도록 훈련받아 왔다. 하지만 진정한 리더는 앞장서서 손을 들고 시범을 보여 주는 선생님이어야 하고, 실력으로 리딩하여야 하고, 때론 앞장서서 위험을 감수하여야 하고, 부하들의 자율성을 존중하여야 한다. 그러면 짖거나 물지 않아도 대열은 흐트러지지 않고 그를 따라올 것이며, 무엇보다 그가 없을 때도 중단 없는 전진을 계속할 것이다.

Note

파쇼는 구성원들을 노예근성에 물든 오합지졸로 만들어 버린다.

샐러리맨들에게 씀함

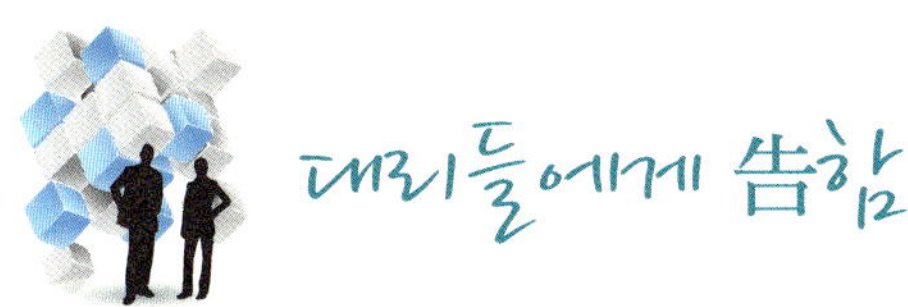

일전에 우리 팀원들과 이런저런 새로운 각오들을 다지면서 대리급 사원들의 비둘기성 기질을 우회적으로 질타하고 내가 기대하는 대리란 어떤 것인가에 대한 이야기를 주고받은 적이 있다. 그때 내가 한 이야기의 요지이다.

모든 조직에는 매파와 비둘기파가 있다. 동물에 비유했지만 쉽게 이야기하면 온건론자는 비둘기파이고 강경론자가 매파이다. 동물의 세계와 마찬가지로 대부분의 조직에서는 매는 적고 비둘기가 많다. 비둘기기 적고 매만 잔뜩 있으면 정말 살벌한 세상이 될 것이다. 반면 매는 없고 비둘기만 있는 곳에서는 천적이 없는 비둘기가 개체 조절능력을 잃을 수 있기 때문에 매와 비둘기는 적정한 수를 유지하는 것이 좋다. 이는 비둘기만 있다고 해서 평화로운 세상이 달성되지 않는 이유이기도 하다. 매파는 자칫 나약해질 수 있는 조직에 적절한 긴장을 불어넣어 주고 비둘기들이 나태해짐을 견제한다. 매는 비둘기를 제압할 수 있는 날카로운 부리와 발톱을 항상 갈고닦아야 하고, 날

쎈 날갯짓을 위해 끊임없이 근육을 연마해야 하는 숙명적인 스트레스를 안고 살아간다. 비둘기 역시 잡아먹히지 않기 위해 열심히 강인한 날갯짓을 연마해야 할 것이다.

이렇게 잡고 잡아먹히는 살벌한 동물의 세상에는 비유할 수 없겠지만, 때로는 회사조직에도(건전하다는 전제하에) 매우 강한 주장으로 활력을 불러일으키는 매파적 특성을 지닌 사람들도 필요하고 이런 부분들을 핵심적으로 수행해야 하는 사람들이 중견사원이라고 불리는 과장이나 대리급 직원들의 몫이라고 나는 생각한다.

대리 정도 되면 통상의 업무에서는 요령 있게 잘 업무를 수행할 수 있는 Skill이 생긴다. 그리고 직장 내의 불합리한 부분, 예컨대 사내 규정이라든지 회사의 중장기 전략, 업무추진 Process 등에 있어서 불합리성을 인식하게 되고, 부서 간의 갈등요인을 파악할 수 있게 되며, 동료 선후배들의 능력이나 태도 등에 대한 문제점도 알 수 있게 된다. 상사의 입장에서 보면 한창 건방진 때라고도 할 수 있다. 할 말 다 하는 스타일의 나쁜 습관이 들기도 가장 좋은 때가 바로 이때인 것 같다. 혈기왕성한 시기인데다 업무에 대한 어느 정도의 지식과 경륜을 갖추고 있기 때문에 불합리성에 대해서는 선배들에게 논리적으로 조목조목 따지고 든다. 일일이 대응하기 피곤한 선배들은 대답을 기피하거나 논리적으로 대응하지 않는 경우도 있는데 이럴 때면 자신의 생각이 옳았다고 판단하고 의기양양해하기도 한다.

하지만 바둑이나 장기를 두어 봐도 알 수 있듯이 팔짱 끼고 훈수

샐러리맨들에게 告함

두는 입장과 직접 대국에 임하는 기사의 입장은 전혀 다르고 회사의 일이라는 것은 엄연히 논리나 평론이 아니라 실행이라는 가장 중요한 부분이 있다는 것을 잊어서는 안 된다. 동료나 선후배의 안이한 사고방식, 구태에 젖어 변화할 줄 모르는 사내의 모순, 사회나 정치권의 비리 등에 대해 분노와 개선의지를 느끼지 않는 대리는 그 직급에 걸맞은 패기와 자세가 갖춰져 있지 않은 사람이라고 단언할 수 있을 것이다.

대리에게는 패기와 젊음이 있다. 회사는 대리들의 패기와 젊음이라는 자양분을 중요한 활력소 중의 하나로 삼고 있다. 젊음의 패기와 정열을 발산하자! 회사가 새로운 에너지를 필요로 할 때 제일 앞줄로 성큼 나서서 누군가가 손을 힘껏 내어 들고 함성을 울리기 시작해야 한다면 그것은 바로 당신들이다. 비둘기들만의 세상을 경계하며……

Note

대리는 패기와 열정을 발산해야 하는 시기이다.
비둘기(순종)파가 아니라 매(용맹, 날카로움)파여야 한다.

로봇형 인간

내가 아는 관리자가 신입사원 때 겪은 이야기다.

그는 과중한 업무량에 항상 바빴고 신입사원 시절은 그의 직장 생활 중에서 가장 고된 나날이었다. 그가 입사한 지 얼마 안 된 토요일 오후 4시경이었다. 그때 그는 현재의 와이프와 연애를 하던 때였고, 와이프는 카페에서 그가 하던 일을 마무리 짓고 내려오기를 기다리고 있었다. 퇴근인사를 하는 그에게 팀장은 말했다.

"○○○ 씨 미안하지만 이거 30부만 Copy해 줄 수 있겠나?"

"네, 그러겠습니다."

팀장이 건넨 것은 오려진 신문 기사였다. 마음이 바빴던 그는 복사기 앞으로 가자마자 30장이 Copy될 수 있도록 기계를 조정하고 시작 버튼을 누른 채 빨리 복사가 되기만을 멍하니 기다리고 있었다.

"팀장님 여기 있습니다."

"그래 내용에 대해서는 어떻게 생각하나?"

"네? 저…… 미처 내용은 보지 못했습니다만……"

“자네 같은 고급인력한테 Copy를 시킬 때는 고졸 여사원한테 Copy를 시키는 것과는 다른 의미가 있다네. 근데 Copy가 잘됐는지는 확인해 봤나?”

“네, 그게……”

“음, 한 번 보세나.”

안타깝게도 몇 장이 지난 후부터는 비스듬히 복사가 되어서 상당량의 복사본이 아랫부분이 잘려 있었다. 그는 부끄러운 마음에 어쩔 줄을 모르고 정말 쥐구멍이라도 찾고 싶은 심정이었다.

“죄송합니다. 다시 복사해 오겠습니다.”

“종이가 아깝지 않나? 잘린 부분은 써 오도록 하지.”

그는 사소한 실수로 토요일 오후 두 시간이라는 혹독한 대가를 지불했다. 그 팀장도 신입사원 때문에 퇴근시간을 두 시간 늦추었다. 필사본을 받은 팀장은 별 이야기가 없었지만 약간의 의미 있는 미소로 그가 많은 것을 느끼기를 바라는 듯했다. 이런 메시지가 아니었을까?

‘확인 안 한 업무는 안 한 것과 같다.’

또 한 가지 중요한 부분은 ‘지시만 수행하는 로봇형 인간’에 대한 냉혹한 질책이다. 학교에서 공부를 잘하는 것과 회사생활을 잘하는 것과는 본질적으로 큰 차이가 있다. 공부라는 것은 이해력과 암기력, 기억력이 좋으면 좋은 성적을 거둘 수 있지만, 회사생활은 그 요소들이 필요조건일 뿐 충분조건은 아니다. 회사생활은 앞에서 언급한 능력 외에도 실행력과 Human Skill(인간관계 처리능력)이 매우 중요하다. 그래서 좋은 학교 출신 또는 학교 때 공부를 잘했다 하더라도 회사에서 인정받지 못하는 경우는 실행력과 Human Skill에 문제가 있기 때문이다. 생각 없이 지시를 기계적으로 수행하는 로봇형 인간은 실행력에 중대한 결함이 있는 부류이다. 복사를 하라는 지시에 기계적으로 반응할 뿐, 내용을 궁금해할 호기심도 없고 복사가 잘되었는지 확인할 적극성도 없다. 마치 필자가 군대에서 한심하게 바라보았던 한 졸병처럼 앞에 있는 담배꽁초 하나를 주우라고 지시하면 그 꽁초만 주울 뿐 몇 발짝 앞에 바로 보이는 담배꽁초는 줍지 않는 그런 식이다. 지시를 기계적으로 수행하는 로봇형 인간은(밤새워 일해도 투덜거리지 않고 밥도 안 먹고 쉬지도 않는) 나중에 자동화 기기로 대체해 버리면 그뿐인 존재이다.

Note

지시에 기계적 반응만 하는 사람은 눈은 뜨고 있되 가슴(열정)은 죽어 있는 상태이다.

Identity에 대하여

어느 책에서 읽은 이야기다.

두 명의 나무꾼이 있었다. 두 나무꾼은 부지런했고 열심히 일을 했다. 하지만 한 나무꾼은 일주일에 꼭 하루는 쉬었다. 재미있는 것은 한 나무꾼은 분명히 하루를 쉬는데도 불구하고 하루도 쉬지 않은 나무꾼이 팬 장작의 양보다 장작이 적지 않았다는 것이다. 하루도 쉬지 않고 일을 한 나무꾼은 너무나 속이 상했다. 그리고 그 이유가 매우 궁금했다.

"이보게 친구, 자네는 하루를 쉬는데 왜 팬 장작은 하루도 쉬지 않은 나하고 양이 같은가?"

"나는 그 하루 동안 도끼를 간다네."

통계학에서는 이른바 측정(Measure)을 하기 위해서 조작적 정의(Operational Definition)와 개념적 정의(Conceptual Definition)라는 낱말을 매우 중요시한다. 두 낱말의 의미를 좀 더 쉽게 풀어 보면, '개개인의 업무의 성실도를 알고 싶다'와 같은 측정하고 싶은 대상을 개념적 정의라고 하고, 성실도를 측정하기 위한 '지각횟수', '퇴근시간', '휴가횟수'라는 3가지 측정요소가 조작적 정의이다. 조작적 정의를 어떻게 내리느냐는 것은 매우 중요하다. 왜냐하면 자칫 엉뚱한 지표를 측정하여 잘못된 의사결정을 내릴 수 있기 때문이다. 앞의 예에서도 보듯이 나무꾼이 얼마나 열심히 일하느냐는 것을 측정하기 위한 조작적 정의를 '나무를 팬 양'이 아니라 '나무를 패는 시간'으로 규정하고 측정을 했다면 당연히 잘못된 결과가 나왔을 것이다.

전통적인 가치관을 가진 관리자들이 흔히 집착하는 패러다임은 Performance와 업무에 투입하는 시간과는 비례한다는 강한 믿음이다. 그래서 늦은 시간 남아 있는 팀원의 수가 적다는 데 서운해하고 휴일 회사에 나와서 열심히 땀 흘리는 직원이 적다는 데 절망한다.

나무꾼과 같이 업무에 대한 성과가 투입된 시간과 정비례하는 업무에는 이러한 패러다임이 매우 유효하지만, 창의적이고 어떻게 보면 감성적이기까지 한 업무들에는 이렇게 맥그리거의 X이론적 집착에 근거한 패러다임은 어느 정도 위험성을 내포하고 있는 것이 사실이다.

나는 요즘의 신세대 직원들이 생각보다 Identity가 뚜렷한 사람이 많지 않음을 안타까워한다. Identity를 '(바람직한) 개성' 또는 '차별화된 특징'이라고 보다 구체적으로 표현해 본다면, Identity가 뚜렷한 사람이 많아야 회사의 미래도 밝을 것이다. 자신의 Identity가 확립되지 않았거나 능력에서 뚜렷한 차별화가 이루어지지 않았다고 생각한다면, 업무시간 외에는 열심히 도끼를 갈아 보자. 젊어서의 나태

샐러리맨들에게 告함

함은 중년과 노년에 대가를 치르게 된다. Identity의 확립을 뒤로 미루는 사람, 혹은 Identity가 없는 사람을 저명한 일본의 한 기업문화 평론가는 이렇게 칭했다. Moratorium형 인간이라고…….

Note

요즘은 튀는(Identity가 뚜렷한) 사람이 각광받는 시대이다.

좌뇌형이 지배하는 회사

일전에 심리학책을 봤더니 인간의 좌뇌는 언어, 분석, 논리, 수리 능력 등 이성적인 기능을 담당하고, 우뇌는 직관력, 예술감각, 공간 지각 능력 등 창의성의 기본이 되는 기능들을 주로 담당한다고 한다. 좌뇌가 발달된 사람을 좌뇌형, 우뇌가 발달된 사람을 우뇌형으로 본다면 좌뇌형, 우뇌형 중에 어느 형이 더 바람직하다기보다는 뇌의 양쪽이 조화를 이루면서 전반적으로 발달한 것이 가장 좋은 모델이라고 한다.

좌뇌형과 우뇌형의 특징을 간단한 사례로 나타내 본다면 좌뇌형은 낯선 사람을 만나면 상대의 이름을 기억하는 데 반해, 우뇌형은 그 사람의 특징을 기억하고, 좌뇌형은 창조적인 면은 비록 약하지만 Idea에 대한 Hint를 일단 잡으면 잘 풀어나가는 Style이며, 우뇌형은 무에서 유를 창조하는 데는 강하지만 쉽게 싫증을 잘 내고 인내력이 약한 편이고 치밀성이 부족해서 좌뇌형의 도움이 필요하다.

남성과 여성의 관점에서 본다면, 남성은 좌뇌형이 많고 여성은 우뇌형이 많다고 한다. 남성은 좌뇌, 우뇌 중 한 곳으로 기울려는 측성화의 특성이 있기 때문이고, 남성은 인간사회가 분석적·논리적 능력을 중시하기 때문에 좌뇌형화하는 경향을 보인다고 한다. 직관적이고 창의적인 남성이 적지 않은 이유 역시 남성이 가지는 측성화의 특성 때문이다. 여성은 측성화 경향이 없기 때문에 상대적으로 남성에 비해 우뇌형일 가능성이 높다는 것이다. 그래서 남성들은 여성들의 날카로운 직관에 쩔쩔맬 때가 많은 모양이다. 여성들은 조금만 의심이 나도 날카롭게 파고들어 금세 들통이 나 버린다.

우리나라의 교육시스템은 호기심이나 창의력을 저하시키는 과정이라고 할 만큼 획일적 가치를 주입식으로 교육시키곤 하기 때문에 우뇌적 성향을 지닌 사람들이 그 성향을 발전시키기가 힘들다고들 하지만, 아이러니컬하게도 우리나라 사람은 체질적으로 감성적, 감정적이라는 것이다. 우뇌형이 70% 정도이며, 지구상에서 우뇌형의 밀도가 가장 높은 곳이 한국이라고 한다(일본은 좌뇌형이 70%). 그리고 이같은 경향은 심화되고 있어서 초등학생은 76% 이상으로 최근 6% 정도 증가하였고 우리나라 사람들의 이러한 경향은 계속 심화될 것이라고 주장하는 사람까지 있다. 왜냐하면 우리나라 사람들의 민족성과 생활문화가 우뇌적 성향을 제한하지 못하고 오히려 더욱 심화시키고 있기 때문이라는 것이다. 하지만 태생적으로는 우뇌적 성향이 증가되고, 심화된다 하더라도 우리나라처럼 입시가 중요한 나라에서는 어릴 때부터 좌뇌형이 되도록 닦달하는 암기 주입식 교육에 시달릴 수밖에 없다. 공부를 잘한다는 것은 좌측 뇌가 발달되었을 가능성이 크다는 것이다. 우뇌형으로 살다가는 대부분의 전공이 정상적인 코스를 밟아 대학까지 진학해 오기가 힘들기 때문에 태생적으로는 우뇌적 성향을 지녔다 하더라도 좌향좌하고 열심히 공부해야 한다. 대부분의 높은 급여를 받을 수 있는 일자리는 대학교 이상의 졸업장을 요구한다. 회사에 입사하기까지 겨우겨우 살아남은(?) 사람들은 상당수가 좌뇌형이거나, 태생적으로 우뇌형이라 하더라도 그 기질이 매우 완화되어 있는 이유가 바로 그 때문이다. 그래서 대부분의 회사는 좌뇌형으로 가득하다.

내 주위에 지금 있는 직원들은 상사건 부하건 좌뇌형이 많고 우뇌형은 희귀하다. 내가 직·간접적으로 접하고 있는 회사들의 관리자급 이상의 사람들은 거의 대부분이 좌뇌형인 회사가 많았다. 좌뇌형이 많다 보니 더 출중한 좌뇌형, 예컨대 보다 논리적이고 보다 기억력이 좋고, 보다 분석적인 사람이 더 능력 있는 사람으로 인정받는 경우를 많이 본다. 우뇌형이 필요한 상황, 즉 새로운 아이디어를 내는 회의를 참석해 보면 창의적이고 재미있고 산뜻한 아이디어를 내는 기질을 선천적으로 보유한 사람은 많지 않다. 논리적이고 이성적 사고를 가진 논쟁형 직원이 많다는 것은 이제까지 접하지 못한 일을 하는 경우에(특히 초기 시점에서는) 방해가 되기조차 한다. 그래서 좌뇌형이 대부분인 회사에서 우뇌형은 아쉽다.

대부분의 회사에서는 좌뇌형이 인정받고 그들이 기득권을 행사하

샐러리맨들에게 씀함

는 집단인지도 모르겠다. 나의 경우 회사라는 System에 들어온 이후에는 좌뇌형의 기질을 발전시키는 훈련을 많이 받았다. 직관력과 창의력이 중요시되기도 했지만 상사와 동료들의 날카로운 질문과 다각적인 분석으로 조여 오는 논리적 사고를 전방위로 견뎌내야지만 살아남을 수 있었다. 상사들의 얼굴근육은 상위 직급으로 올라갈수록 위엄과 차가운 이성으로 굳어 있으며, 업무에 있어서는 분석적 사고와 논리적 입증을 중시한다. 업무 Presentation 시에는 짜임새 있는 장표와 조리 있는 말솜씨, 그리고 순발력이 중요하다. 논리로 입증이 안되는 직관을 주장하다가는 낭패를 보기 십상이었다. 소신보다는 근거가 중요하다. 복잡한 Data와 실증적 근거만이 상위자의 믿음을 얻을 수 있다. 대화에서도(좌뇌형 관점에서) 엉뚱한 이야기를 천방지축으로 늘어놓다가는 금세 우스운 사람이 되어 버린다. 우뇌형은 무언가를 주장할 때 논리적 근거가 미약하기도 하고, 자기가 보기엔 그렇다고 부득부득 우기기조차 한다. 근거가 약한 직관은 비록 그 직관이 뛰어나고 정확한 것이라 할지라도 왠지 불안하다.

좌뇌형이 많은 회사는 그래서 짜임새가 있을지는 모르지만 Dry하고 재미없고 활력이 떨어져 보인다. 위로 올라갈수록 재미가 없는 사람이 되는 이유도 점점 더 좌뇌화하기 때문이 아닐까? 과거보다 훨씬 빠르게 변화하는 시대를 살고 있는 우리는 중요한 갈림길에 서 있음을 인정하지 않을 수 없다. 21세기는 20세기의 연장이라기보다는 Internet을 화두로 하는 새로운 Digital 패러다임의 세계이기 때문이다. 직관력과 창의력이 중시되는 21세기 Digital 시대에서는 20세기 산업시대를 이끈 견인차로 각광받았던 좌뇌형은 불리하다.

아이디어가 반짝거리는 우뇌형을 선발하는 것과, 좌뇌형으로 전향한 우뇌형에게 본연의 기질을 발휘하고 발전시킬 수 있는 기회를 주는 것, 그리고 그들이 능력발휘를 할 수 있는 비옥한 토양을 제공하는 우뇌중시형 문화가 아쉽다. 오늘도 상처받고 있을 우뇌형들의 건승을 기원하며…….

Note

대부분 회사의 경영진과 관리자들이 좌뇌형인 현실에서 우뇌형들이 선발되고 성장하는 것은 결코 쉽지 않은 일이다.

샐러리맨들에게 告함

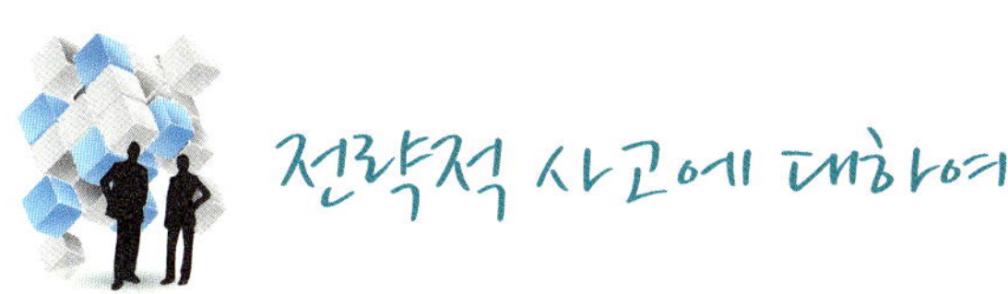

내일신문

전략적 사고에 대하여

(이 글은 내일신문에도 소개되었다.)

울창한 밀림을 헤치며 철길을 깔고 있다고 가정하자.

거기에는 나무를 베어 내고 철길을 까는 인부들이 있고, 이런 인부들을 독려하고 지휘하는 일선 책임자들이 있을 것이다.

그리고 또 한 사람! 이 사람은 가장 중요한 사람이다. 그 사람은 총지휘관으로 자주 높다란 나무 위로 올라가서 울창한 숲길을 내려다보며 인부들이 철길을 올바른 방향으로 잘 놓고 있는지를 확인하는 사람이다. 그는 눈이 좋아야 하고, 방향감각이 정확해야 하며, 지도와 나침반을 보고 지형지물을 잘 읽어 낼 수 있는 노련한 판단력의 소유자여야 하고, 기상이 안 좋아서 視界가 흐리거나, 깊은 밤중 어둠이 깔린 곳에서라도 바른 방향을 읽어 낼 수 있는 동물적 감각의 소유자여야 한다. 이런 사람을 우리는 전략적 의사결정을 내리는 사람이라고 하고, 리더라고 부른다.

만약 리더가 무능하여 잘못된 방향을 제시하여 벼랑으로 향하고 있다면 어떻게 될까? 실무 책임자들이 유능하면 유능할수록 빨리 벼랑에 도착하게 된다. 더 빨리 실패하게 되는 것이다. 그래서 어떤 리더들은 자신의 판단이 옳은 것인가를 검증하기 위해 실무책임자 중 눈이 좋은 사람을 골라서 같이 높다란 나무 위로 올라가 자신이 판단하는 바른 방향에 대해 그곳이 정확한 판단인지에 대해 논의를 하기도 한다. 혹 리더가 밤눈이 어둡다면 밤에는 밤눈이 밝은 사람으로 하여금 판단을 대신하게 하기도 한다.

전투에 실패한 병사는 용서할 수 있지만 경계에 실패한 병사는 용서할 수 없다. 이 한 구절의 말에는 군대에서 가장 기초적이고 중요한 것이 무엇인가에 대한 함축적인 의미가 녹아 있다.

운전을 할 때 가장 중요한 것은 전방 주시이다. 사이드미러도 보고 백미러도 봐야 하고 때로는 사각지대에도 신경을 써야겠지만 가장 중요한 것이 전방주시라는 것은 아무리 강조해도 지나치지 않을 것이다. 리더는 부하들에게 가장 중요한 것이 무엇인가를 군대처럼 표어로 주지시키건 어떻게 하건 간에 항상 잊지 않게 해야 하고, 이 부분을 잘 Check해 주어야 한다. 전방을 잘 주시하고 있을 때야 비로소 더 훌륭한 운전을 유도하기 위해 사이드미러와 백미러의 중요성을 이야기하고 옆, 뒤도 짚어 보게 해야 한다.

실무 책임자들이 저지르기 쉬운 실수는 리더가 측방(Minor Issue)을 지적하고 챙겼을 때 리더의 의중은 측방에 있으며 그곳이(가장 중요한 전방보다) Focus해야 할 지점이라고 오인하여 그쪽으로 역량을 옮겨 버리는 우를 범하는 것이다. 가장 한심한 유형은 리더가 지시하는 전방이 전방이 아니라는 거부감이 있을 때 반론에 나서지 않고 내면적으로 거부하고 협조하지 않는 사람일 것이다.

실무자들을 힘들게 하는 리더는 전방감각이 없어서 측방을 전방이라고 주장하고 돌격 앞으로를 외치는 리더, 정말로 중요한 전방(Major Issue)에 대한 이야기는 곁다리로 넘겨 버리고 측방(Minor Issue)만 집요하게 파고드는 리더, 전방(Focusing Point)을 제시하지 않는 리더로, 이는 마치 스스로 리더이기를 거부하는 경우와 다를 바가 없다.

리더는 높다란 나무 위에 올라가서 공사행렬이 가야 할 앞길을 제시해야 하는 당연한 Mission을 가지고 있는 것이고 그렇기 때문에 눈이 나빠서도 안 되고, 난시여도 안 되고, 색맹이라도 곤란하다. 날이 어둡고 흐려서 앞이 잘 안 보일 때 많은 사람들의 눈을 빌려 높다란 나무 위에 올라가 앞길을 내려다보면서 "모두들 저곳이 우리가 갈 길이야"라고 저마다의 소신으로 외칠 수는 있지만 옥석을 가려내고 벼랑이 아니라 진실로 원하는 곳으로 향하기 위해서는 최종적으로 결정을 내려야 할 리더의 혜안이 정말로 중요한 것이라 아니 할 수 없을 것이다. 百家爭鳴의 時代에…….

Note

Leader가 해야 할 가장 중요한 일은 Leading이고, Director(임원)가 해야 할 가장 중요한 일은 Direction이다. 그렇게 쓰여 있지 않은가?

크로노스와 카이로스

어제는 L 과장으로부터 메일을 받았다. L 과장은 예전부터 색소폰을 배우고 싶었는데 같이 배워 볼 생각이 없느냐는 내용이었다. 옆자리 C 군이 우연히 이 내용을 보고 L 과장님은 영어를 잘하시는데 영어 잘하시는 분들은 이름과 성을 바꿔서 말하는 경향이 있다고 실없는 소리를 하다가 나한테 한 방 맞았다. 하루하루 바쁜 일상에 묻혀 사는 나에게 L 과장의 메일은 청량감을 주는 신선한 자극 같은 것이었다.

Leadership 분야의 석학 Stephen R. Covey의 『소중한 것을 먼저 하라(First Things First)』라는 책에 보면 Chronos와 Kairos라는 낱말이 있다. 그에 의하면 전통적인 시간관리는 Chronos(순서적인 시간이라는 뜻을 가진 그리스 말)를 의미하고, Chronos란 시간을 직선적이고 연속적인 것으로 간주한다는 뜻으로 지금의 1초와 다른 때의 1초는 똑같은 가치를 지닌다고 가정한다. 이에 비해 Kairos(적절한 시간 또는 질적인 시간)는 사람이 어떤 일에 얼마나 많은 Chronos를 집어넣느냐 하는 것보다는 어떤 일에서 얼마나 많은 가치를 얻어 내느냐 하는 것으로 시간의 가치와 질을 중요시하는 낱말이다.

"좋은 시간 보내셨습니까(Did you have a good time)?"라는 일상적인 질문이 Kairos적 개념이 잘 들어가 있는 질문이라고 한다.

내가 대학을 졸업하고 갓 직장생활을 시작했던 때의 일이다. 신입사원 시절을 LG전자(당시 금성사) 인사관리부에서 보냈다. 당시 내가 속한 부서의 임원은 부하 사원들에게 열심히 일을 시키기로 유명하셨던 분이다. 내가 인사관리부에 입사하게 된 경위가 재미있는데 내가 맡은 업무를 하시던 전임자의 부인이 "같이 저녁을 먹어 본 적이 거의 없다"고 눈물로 호소하는 바람에 퇴직을 하고 다른 회사로 가셔서 내가 후임으로 채용된 것이었다.

나도 1개월 정도 근무해 본 후에 '이건 사람 사는 게 아니다'라고 생각하고 다른 회사로 옮기려고 했으나 도무지 원서를 받아서 작성하고 면접까지 볼 시간적 여유가 없어서 회사를 옮기지 못했을 정도니까.

평일에는 9시 이전에 퇴근해 본 적이 없었고 철야나 주말 특근근무가 많아서 연장근로수당 때문에 아마 동기 중에서는 월급을 가장 많이 받지 않았을까 추측해 본다. 일의 절대량도 많았지만 타성에 젖은 업무스타일, 예컨대 낮에 열심히 하면 다 처리할 수 있는 일인데도 불구하고 '일찍 퇴근할 분위기도 아니고 천천히 저녁이나 먹고 와서 하자', '주말에 나와서 하지 뭐', '열심히 일하는 모습을 보여 줘야 할 거 아냐!' 하는 식의 사고가 저변에 깔려 있었던 것도 사실이다. 당시를 뒤돌아보면 정말 열심히 일했다. 그렇지만 어둡고 힘들었다. 일에 보람을 느낄 시간조차 없었다. 그냥 기계적으로 일했다. 이런 기억의 조각들이 남아 있다.

지금 와서 냉철히 반성해 보면 그때의 가치는 일을 잘하느냐라는 측면보다는 얼마나 열심히 일하는 모습을 보이고 있느냐는 쪽에 중점을 둔 것은 아니었던가 하는 반성이 있다. Chronos적 가치관에 그 기반을 두고 있었던 것이다.

Kairos적인 가치관을 경험한 것은 내가 외국계 회사인 A. C. Nielsen에 근무하면서부터이다. 그곳엔 두 분의 부장이 계셨는데 Chronos의 대표 주자격인 K 부장과 Kairos의 전형 C 부장이 그분들이다. K 부장은 Project보고가 임박하면 며칠 밤새우는 것은 보통이고 평소에도 밤늦게까지 열심히 일하시는 스타일이었고, C 부장은 철저한 자기관리와 일정관리로 Project 때문에 밤새우는 경우는 본 적이 없고 웬만하면 규정된 퇴근 시간인 오후 5:30분에 퇴근하시는 분이었다. 업무의 절대량이 K 부장님에 비해 C 부장님이 적었던 것도 물론 아니다. K 부장이 훨씬 더 열심히 일하셨음에도 불구하고 재미있는 것은 위로부터나 아래로부터 더 인정받은 사람은 C 부장이었다. C 부장은 시간을 매우 효율적으로 사용하시는 사람이었고 또 유능했다.

L 과장의 메일을 받고 Kairos적 가치관으로 절약한 시간을 색소폰에 투자하는 것은 어떨까라고 생각해 보았다. 즐겁게 몰입할 수 있

는 무언가가 있고 그래서 개인의 삶과 정서가 윤택해진다면 회사생활이나 가정생활에도 당연히 좋은 영향을 미칠 테니까.

Stephen R. Covey의『소중한 것을 먼저 하라(First Things First)』라는 책의 첫 Chapter 제목엔 이렇게 적혀 있다.

"임종 자리에서 직장 일에 더 많은 시간을 썼기를 바랄 사람이 몇이나 있을까?"

Note

열심히 하는 것(Work Hard)이 중요한 것이 아니라, 잘하는 것(Work Smart)이 중요한 시대이다.

샐러리맨들에게 씀함

루프형 대화

우리 집에는 일주일에 두 번 큼지막한 용량의 P우유가 배달된다. 아내가 건강을 위해서 아침마다 한 잔씩 하겠다고 해서 받아먹는 것인데, 아침에 물을 먹으려고 냉장고 문을 열 때마다 차곡차곡 쌓여서 상해 나가는 우유를 보고서는 슬슬 열이 받기 시작했다. 내가 먹으면 될 게 아니냐고 얘기할 수도 있겠지만 장이 민감한 편이라서 우유를 먹으면 트러블이 잦기 때문에 출근시간에 유통기한이 간당간당한 위험한 우유를 먹는 도박을 할 수는 없는 노릇이다. 그러던 어느 날 잔뜩 쌓인 우유를 보고 도저히 안 되겠다 싶어서 아내에게 이야기를 꺼냈다.

"먹지 않을 거면 우유를 끊는 게 어때?"

"건강을 위해서 우유는 먹어야 돼."

"그럼 우유를 꼬박꼬박 챙겨 먹어야 할 거 아녀."

"아침에 우유가 차면 먹기가 싫어."

"그럼 덥혀 먹으면 되잖아."

"아침에 우유를 덥힐 시간이 없을 때가 많아. 그래서 우유가 쌓인 단 말이야."

"그럴 거면 슈퍼에서 필요한 만큼만 사면 되니까 우유를 끊어."

"안 돼. 그럼 우유를 자주 안 먹게 되거든. 건강을 위해 우유는 먹어야 돼."

"그럼 우유를 꼬박꼬박 챙겨 먹어야 할 거 아녀."

"아침에 우유가 차면 먹기가 싫어."

"그럼 덥혀 먹으면……."

나는 이런 식의 대화를 무한루프를 도는 프로그램이 연상되어 '루프형 대화'라고 이름을 붙였는데 회사에서 업무와 관련한 대화를 할 때도 종종 이런 유의 대화를 나눌 때가 많다. 루프형 대화를 벗어나는 길은 단절의 Skill이 중요한데, 가장 중요한 판단의 잣대를 정하고 그 잣대를 써서 순환고리를 단절시켜 버려야 한다.

나는 와이프의 건강을 유지해 주는 것이 돈보다 더 중요한 잣대라고 생각하고 우유를 끊지 않고 어떻게든 와이프가 우유를 먹게 하기로 했다. 집에서 가장 일찍 일어나는 내가 아침에 일어나자마자 우유를 냉장고에서 꺼내 놓아 와이프가 출근할 때쯤이면 미지근해져 먹기 부담스럽지 않게 해 주었다.

루프형 대화가 일어나는 경우는 뭔가 문제가 있다는 건 인정하지만 방법을 찾을 열의가 없거나 문제가 있어도 시정하고 싶은 마음이 별로 없을 때 일어나는 현상 같다. 상사나 주위 사람들이 문제점에

샐러리맨들에게 告함

대해서 지적을 할 때 열린 마음으로 방법을 함께 찾고 충고를 겸허하
게 받아들일 수 있어야지 루프형 대화로 힘들게 하는 사람은 어려운
문제가 늘기만 할 뿐 그 시커먼 늪에서 헤어나지 못한다.

Note

무한루프를 도는 문제를 해결하는 핵심 Skill은 가장 중요한 잣대 하나를
판단의 중심에 놓고 루프를 끊어 버리는 것이다.

지꺼분한 일

　필자가 막 회사생활을 시작한 때였다. 다른 부서도 마찬가지였겠지만 내가 속한 인사부서는 항상 바빴고 특히, 나는 신입이라서 그런지 쏟아지는 잡무에 치어서 Value가 낮은 업무에 많은 시간을 보내곤 했다. 예컨대 Fax를 보내거나 복사를 한다거나 산처럼 쌓인 전산 이면지를 찢는다거나—인사자료는 보안을 요하는 것이 많아서 이면지도 무조건 찢어야 했으며 기계가 있었지만 고작 몇 장씩밖에 안 들어가는 파쇄기로는 어림도 없는 분량이었다—무거운 짐을 나를 때는 무조건 동원이었고 생수통 올려놓는 것까지 도맡아했으니 정말 바빴다. 업무도 Spread Sheet에 숫자 입력하는 것과 사업부별로 입력해 온 Sheet File을 취합하는 것이 내가 맡은 업무에서 대부분의 시간을 차지하고 있었다. 한마디로 말하면 학교에서 꿈꾸던 회사생활하고는 거리가 멀었고 내가 맡은 업무들은 그저 Value가 낮은 지꺼분한 일들로밖에 보이지 않았다. 이러니 몸과 마음은 고달프기만 하고 의욕이 생길 리 만무했다.

샐러리맨들에게 씀함

그러던 어느 날 나는 선배사원에게 푸념을 늘어놓았다.

"제가 Fax 보내고 복사하러 회사에 취직했나요? 제 손 좀 보세요. 이면지 찢다가 상처 난 곳이 한두 군데가 아니에요. 무념무상으로 이면지를 찢다 보면 내가 왜 이러고 있나 하는 생각이 들 때도 있거든요. 업무도 도전적일 만큼 Value가 있어 보이지도 않고 어떻게 생각하세요?"

곰곰이 듣고 있던 선배사원 왈,

"그럼 내가 하리?"

그 선배한테는 원하는 답을 얻을 수 없다고 판단한 나는 다른 선배사원한테 가서 똑같은 푸념을 늘어놓기 시작했다.

그 선배사원 왈,

"지랄 말고 해!"

선배사원들은 따뜻한 말 한마디 해 주지 않고 신입사원의 절실한 고민을 귀찮은 파리 한 마리 쫓아 버리듯 건성건성 대답하는 것이었다. 야속하고 서운했지만 그냥 당했다. 나중에 내가 업무에 익숙해지고 조직의 메커니즘이라는 것을 어느 정도 이해할 무렵 나는 그 이유를 자연히 알게 되었고 선배들도 아마 세월이라는 약이 가르침을 줄 것이라는 생각을 하고 있었던 모양이다.

지꺼분한 일은 이렇게 이해하면 될 것 같다. Fax를 보내고 복사를 하는 것도 단순 노동자에게 시키는 것과 대졸사원에게 시키는 것은 그 기대치가 다르다. 그리고 밑바닥의 하찮은 일부터 해 보지 않은 사람은 높은 사람이 되어서도 그들의 고충을 이해하기가 힘들다. 또 지꺼분한 일들이 모이면 큰 Value가 된다.

　가장 중요한 점! 많은 업무들은 하찮은 업무로 일정시간을 할애하고 나서야 비로소 Value가 높은 업무로의 접근이 가능한 구조로 되어 있다.

Note

지꺼분한 일들을 하찮게 보아서는 안 된다.
빗물이 모여서 바다가 되고, 티끌이 모여서 태산이 된다.

마이다스의 손과 마이너스의 손

회사에서 밥 벌어먹고 사는 우리 직장인들에게 있어 '일'이란 어떤 것일까? 여러 가지 의미로 해석될 수 있겠지만 '일'은 어떤 과제가 나를 거칠 때 부가가치가 생기는 것이어야 함에는 이견이 없을 것이다.

나를 거쳐 가긴 하는데 대개의 경우 부가가치가 발생하지 않고 그대로인 상태로 누군가에게 고스란히 넘어간다면 동료나 부하, 옆 부서에 일을 전가시키고 본인은 요리조리 피하려고만 하는 우회(Bypass Type)형이다. 우회형들은 일을 수행할 능력은 있으나 남들의 힘을 빌리고 본인은 나서지 않는 형으로 대부분 진꾀가 좋은 사람들이다. 때문에 문제가 불거질 정도의 사고를 치지는 않는다. 열심히 일하는 사람들을 김빠지게 하고 불쾌하게 하기도 하지만 생존력이 뛰어나고 아부도 잘하기 때문에 회사생활도 잘하는 편이다. 하지만 이런 교묘한 형태의 업무태만도 언젠가는 만천하에 들통이 나기 마련이어서 장기적으로 본다면 뒤끝이 별로 좋지 않은 경우가 대부분이다.

사실 우회(Bypass Type)형보다 나쁜 Type은 마이너스형(Hand

of minus)이다. 마이너스형은 우회형과는 달리 일은 그럭저럭 또는 열심히 한다. 하지만 그 사람을 거치면 결정이 지체되기도 하고, 분란이 일어나기도 하고, 잘못된 의사결정이 이루어지게 돼서 주위 사람들의 사기에 안 좋은 영향을 미치거나 회사에 경제적 손해를 끼친다. 특히 자신한테 맞지 않는 모자(감투)를 쓴 채 어찌할 바를 모르는 바보형은 금방 표가 나기 때문에 위기도 금세 찾아오기 마련이다. 업무를 수행할 능력이 모자라 상사나 동료, 부하의 도움을 번번이 받아야 한다면 오래갈 수가 없다.

'일'이란 것은 부가가치를 창출하는 일련의 과정일진대 비록 최고의 수준으로 변모시키는 마이다스의 손까지는 고사하고 일을 그르치는 마이너스의 손을 계속 휘두르다가는 생과 사를 고민해야 하는 시기가 바로 닥치게 된다.

Note

나를 거쳐 가는 일에 '가치'를 추가하지 못하면 일을 안 하는 것이요,
나를 거쳐 가는 일에 '가치'를 감소시키면 일을 못 하게 될 것이다.

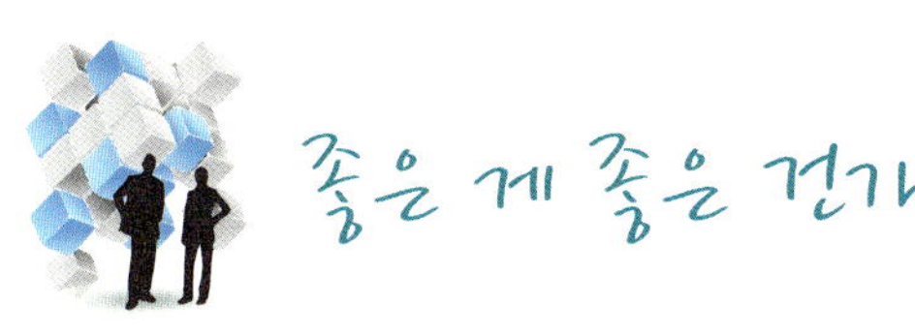

좋은 게 좋은 건가

필자는 대학교 2학년을 마친 1986년 1월에 군에 입대해서 데모를 막았다. 군복무를 했던 1986년에서 1988년까지는 역사의 격변기로서 86아시안게임과 88서울올림픽이 있었고 박종철 고문사건부터 이한열 군 사망, 6·29······, 그리고 이어지는 전국적인 노사분규, 전두환 정권으로부터 노태우 정권으로의 정권교체 등 수많은 사건들로 얼룩진 시기였다. 수없이 날아드는 화염병과 돌, 성난 군중들이 휘두르는 쇠파이프, 바로 옆에서 쇠파이프와 화염병을 맞고 쓰러지는 동료들을 바라보며 슬픈 군대생활을 했었다. 그 의미 없는 전쟁에서 살아남기 위해서는 부대원들의 강인한 정신력과 체력, 그리고 엄정한 군기가 필수적인 조건이었다. 졸병 때 필자는 엎드려서 잠을 잘 수가 없었다. 가슴이 군기를 잡으려는 고참들의 주먹질로 항상 퍼렇게 멍들어 있었고 엎드려서는 잠을 잘 수 없을 정도의 고통을 주고 있었기 때문이다. 어쩌다 기침이라도 할라치면 고통에 가슴을 움켜잡을 때가 한두 번이 아니었다. 지금은 그때를 웃으면서 남들한테 이야기해 줄 수도 있지만 실상은 기억하기 싫은 악몽의 시기였다. 동기 하나는 구타에 견디다 못해 졸병 때 탈영을 했고 우리가 제대하는 그날까지 잡히지 않는 기염(?)을 토했다. 그 친구가 아직도 잡히지 않았는지 궁금하다.

데모 진압을 할 때 2열로 구성된 부대진영의 1열은 방패조로 주로 졸병으로 구성되어 있다.

이유는 2열보다 부상의 위험이 높기 때문이고, 경험이 부족한 졸병들이 성난 군중을 보고 두려움에 자신도 모르게 도주할 우려가 있기 때문에 이를 방지하기 위해서이다. 대열이 흩어지지 않으려면 1열이 항상 잘 정돈되어 있어야 하는데 1열에 서 있는 졸병들은 앞의 성난 군중보다 2열에 서 있는 고참들을 더 무서워해야 한다. 진압경력이 많은 고참들로 구성된 2열은 적절한 시기에 사과탄과 최루탄을 발사하여 데모 군중을 와해시키고 곤봉으로 쇠파이프를 들고 무지막지하게 돌진하는 군중들을 효과적으로 제압하는 기본적인 임무 외에도 앞에 방패를 들고 있는 졸병이 시원치 않을 때는 사정없이 군화발로 걷어차 정신을 차리게 하고 때로는 어깨를 두드리며 안심도 시켜서 방패조의 임무를 충실히 수행케 하는 역할도 한다. 까마득히 밀려오는 성난 군중과 돌, 화염병, 쇠파이프세례를 받아 보면 생명의 위협을 느끼는 하나의 인간이기에 자신도 모르게 뒷걸음치는 것은 당연지사이다. 당시 성난 군중 앞에 서 있을 때의 참담함은 말로 형언할 수 없는 착잡한 것이었다. 부대에서는 엄정한 군기를 세우기 위한 구타가 성행했었고, 사람이 다른 사람한테 얼마나 잔인할 수 있는지를 뼈저리게 경험한 나는 이러한 인간 이하의 관행이 후임들한테는 전달되지 않아야겠다는 신념을 가지게 되었다.

샐러리맨들에게 告함

필자는 제대하는 그날까지 한 번도 졸병을 때리지 않았다. 분대의 선임이 되었을 때는 분대 내 구타를 일절 금지하고 불가피한 경우 기합으로 다스리기로 했다. 하지만 인간이기에 때리지 않더라도 알아서 하지 않겠느냐 하는 희망을 안고 있었던 기대와는 달리 여기저기서 문제가 발생하기 시작했다. 때리지 않는다는 약점을 간파한 졸병들이 반바지로 간주하고 지시를 무시하는 경우가 생겼으며 장난까지 걸어오는 경우도 있었고 우리 분대가 진압에 나갔을 때 실수를 하는 일까지 왕왕 생기기 시작한 것이다. 진압에서의 실수는 부대의 안전과도 직결된 만큼 이래서는 안 되겠다고 판단한 필자는 무서운 중간 고참을 하나 선정하여 예전의 방식으로 군기를 다시 잡아 나가게 했다. 그 중간 고참의 활약(?)으로 엄정한 군기는 다시 세워지고 우리 분대는 다시 강인한 분대로 태어나게 되었다.

요즘도 필자는 마음이 약해서 타인과의 관계에서 웬만하면 문제가 있어도 덮어 주고 이해하고 참고 넘어가고 큰 소리를 안 내려고 노력한다. 그러다 보니 이런 약점을 교묘히 악용하는 사람도 생기고 약한 강도로 주의사항이 전달되어 다시금 유사한 잘못이 발생하기도 한다. 그래서 자신에게 이런 질문을 가끔씩 던져 본다. 좋은 게 좋은 건가?

Note

리더는 연예인이 아니다. 일 잘하는 리더이면서 인기 있는 리더까지 되겠다는 생각은 버리자.

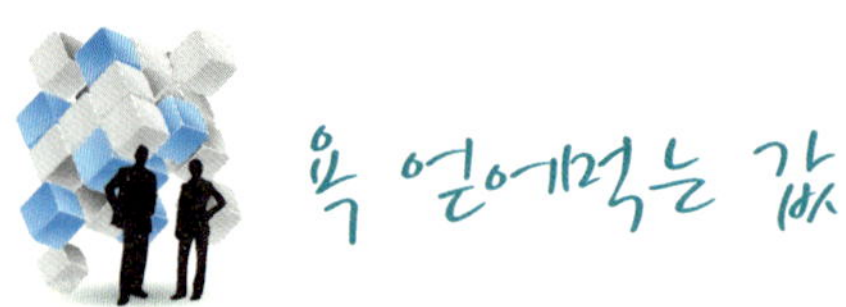

욕 얻어먹는 값

그날은 아침부터 그야말로 신나게 깨졌다. 보스는 화가 끝까지 나서 온 층이 흔들릴 정도로 필자를 두들기고 있었다. 회사생활 하루 이틀 한 것도 아닌데 그만큼 처절히 깨져 본 것은 처음이었다. 이 양반이 처음에 부를 때부터 살기등등했었기 때문에 그날은 매트릭스 전법이 아니라 장렬 전사법으로 가야 한다는 것을 알아차렸다.

매트릭스 전법은 위에서 두들길 때 영화 매트릭스에서 키아누 리브스가 날아오는 총알을 몸통을 휘휘 돌려 가며 피했던 것처럼 이 핑계 저 핑계로 총탄을 피하는 방법으로 가장 흔히 쓰이는 방법이다.

필자는 잘못이 없었기 때문에 아무 소리 않고 박살이 나면서도 내심으로는 엄청 억울했다. 한바탕 거대한 폭풍우가 지나가고 보스의 방을 나오는데 바깥에서 숨죽이고 있던 사람들은 필자와 눈길이 마주치자 소스라치게 놀라며 책상에 코를 박았다. 얼굴이 벌겋게 상기된 채 자리에 털썩 주저앉는데 옆자리 팀장이 팔을 낚아채서는 바깥으로 필자를 끌고 나갔다.

“무슨 일인데?”

“……”

“말해 보라니깐!”

“음…… 그게……” 하면서 필자는 옆 팀장에게 다른 사업부 때문에 꼬인 일인데 보스의 오해로 필자가 덮어쓰게 된 상황임을 설명해 주었다. 갑자기 열 내는 보스 앞에서 필자가 고스란히 당할 수밖에 없었던 상황임을 알아챈 그 팀장은 “여기서 바람 좀 쐬고 들어와.” 하고서는 사무실로 올라갔다. 그 팀장이 그 길로 올라가 열이 조금 식은 보스에게 조심스럽게 자초지종을 설명한 모양이었다. 분을 좀 가라앉힌 후 사무실로 올라가서 건성으로 모니터를 보고 있는데 부하 직원들도 눈치만 슬금슬금 볼 뿐 아무런 말도 걸지 못했다. 점심때쯤 보스는 아무 일도 없었던 것처럼 필자의 자리로 왔다. 아직도 여운이 가시지 않아 경직되어 있던 필자에게 보스는 한마디를 던졌다.

“박 팀장 점심이나 먹으러 가지?”

‘아니 밥을 먹으러 가자고? 갖고 놀자는 건가? 정신이 있는 분인가 없는 분인가?’ 이런 복잡스러운 마음으로 그분을 바라보는데 필자의 입으로 나온 대답은 필자조차도 이해할 수 없는 말이었다.

“아닙니다.”

“…… 아니라고? 뭐가 아니란 말이여?”

필자 입에서 나온 ‘아닙니다’라는 말은 보스한테 감히 ‘가기 싫습니다’라는 말을 할 간댕이는 없어서 나온 거부 내지는 반항의 표현이었던 것이다.

필자가 무슨 말을 하는지 이해할 수 없다는 표정을 지은 보스는 다시 방으로 돌아갔다가 10분쯤 흘렀을 때 다시 필자의 자리로 왔다.

"박 팀장 가지?"

거절하기 힘든 포스로 다시 청하는 보스를 따라 도살장 가는 소의 심정으로 나섰다. 모래알 씹듯 밥을 먹고 있는 필자는 아랑곳하지 않고 그 양반은 그날따라 유난히 밥도 잘 드셨다.

"박 팀장 자네가 받는 월급의 반은 일해서 받는 값이고 나머지 반은 뭐 때문에 받는지 아남?"

젓가락으로 밥알을 꾸역꾸역 집어넣던 필자는 뜬금없는 질문에 대답도 못 하고 물끄러미 보스를 쳐다봤다.

"그게 말이야. 나머지 반은 욕 얻어먹는 값이야. 푸하하!"

Note

관리자 월급의 반은 욕 얻어먹는 값이다.

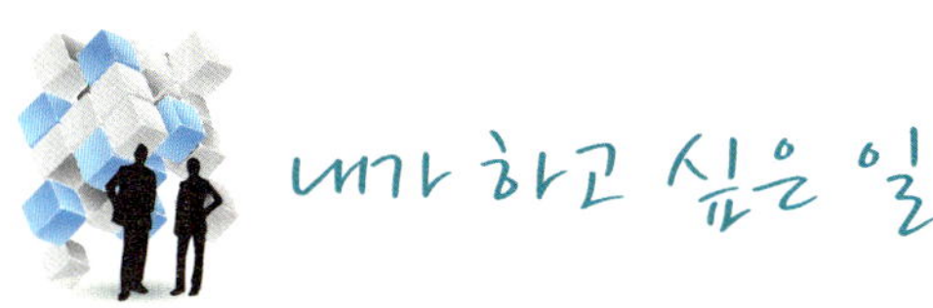

일이라는 것을 세 가지 경우로 나눠 보자. 첫 번째는 내가 지금 하고 있는 일이 있을 테고, 두 번째는 내가 하고 싶은 일이 있을 테고, 세 번째는 내가 잘하는(잘할 수 있는) 일이 있을 것이다.

직장생활을 해 오면서, 나 역시도 마찬가지지만, 대부분 사람들의 원천적인 고민은 그 세 가지가 잘 부합되지 않는 데에서 출발하는 것 같다. 지금 내가 하고 있는 일이 내가 하고 싶은 일인데다가 내가 잘하는 일이라면 얼마나 좋겠냐만은 대부분은 그렇지가 못하다. 글쎄 기억을 자근자근 디듬이 보아도 이제까지 이 세 가지가 완벽히 부합되어서 너무나 행복하게 직장생활을 하고 있다고 이야기하는 사람은 보지를 못했던 것 같다. 그렇다면 이 세 가지가 완벽히 부합되는 일을 하고 있는 사람은 극소수에 지나지 않는다는 추론이 가능한데 그래서 이런 완벽한 조건을 갖춘 일을 찾는다는 것은 사막에서 신기루를 좇는 것과 같을 것이다.

대부분의 직장인이 하고 싶은 일이 아닌 일을 혹은 내가 잘할 수 있는 일이 아닌 일을 목구멍이 포도청입네 하고 꾸역꾸역 하고 있다. 세 가지 조건이 겸비된 일을 할 수 있는 기회를 찾는다 하더라도 안정성과 경제적인 조건까지 고려하여야 하기 때문에 이런 완벽한 조건의 것은 신기루를 좇는 것일 가능성이 크고 찾았다고 하더라도 막상 그 일에 접해서는 녹녹하지 않은 현실에 그토록 찾던 오아시스는 아니었노라고 토로하는 사람들이 많았다.

그렇다고 오아시스를 찾는 것을 포기하지는 말자. 찾으면 찾을 것이라고 하지 않던가? 다른 방법도 하나 있다. 지금 하는 일이 내가 잘하는 일이고 내가 하고 싶은 일로 만들어 버리면 근사한 오아시스로 변할 수 있다는 그것이다. 물론 마음 돌리기가 그다지 쉽지는 않지만 말이다.

Note

내가 지금 하고 있는 일과, 내가 하고 싶은 일과, 내가 잘하는(잘할 수 있는) 일은 같지 않은 경우가 대부분이다.

샐러리맨들에게 씀함

chapter 3. 思 (Thinking)

직장생활, 그리고 삶에 대한 생각들

몇 해 전에 내가 아는 누군가가 미국에 출장을 갔을 때의 일이다.

그 사람은 한 유명한 백화점에 들렀는데 조카에게 줄 장난감이나 하나 살까 해서 이 층 저 층을 둘러보았지만 백화점이 워낙 넓은 터라 장난감 코너를 찾기가 쉽지 않았다. 그래서 옆에 있는 옷가게 점원에게 장난감 코너가 어디 있는지를 물었다. 그 직원의 대답은 이러했다.

"I just work here!"

우리말로 해 보면 니는 그냥 여기(옷가게)에서 일하는 사람일 뿐이라는 이야긴데 그래서 장난감 코너는 어디 있는지 잘 모르겠다는 의미를 내포하고 있는 것이다. 이 친구는 고객에게 옷을 파는 일에만 관심이 있을 뿐, 장난감이야 어찌 됐건 내가 알 바 아니라는 식의 사고가 저변에 깔려 있는 것이고 이렇게 백화점 전체를 위하지 않고 단지 자기 자신의 실적에만 관심이 있는 이른바 'Ownership이 없는 친구'는 기업에 암적인 존재가 된다. 그 종업원은 다른 사람에게 물어서라도 고객에게 장난감 코너의 위치를 친절하게 알려 줄 의무가 모든 종업원에게 있다는 것을 모르고 있는 질 낮은 종업원이다. 그리고 한 사람의 고객에게 그 백화점의 고객응대 Service 수준은 수준 이하라는 인상을 심어 줌으로써 그 백화점 이미지의 손상이라는 피해를 입히게 된 것이다.

조직은 Harmony가 중요하다. 고객에게는 개개인이 다 그 조직으로 인식되고 그래서 모든 성원이 Harmony를 잘 이뤄서 최적의 고객응대가 이루어질 때 그 조직은 발전할 수 있고 살아남을 수 있다. 다른 사람, 다른 부서가 어찌 되었건 나 혼자만 잘하면 된다는 식의 사고는 하나는 알고 둘은 모르는 사고이다. 이 일은 내 일이 아니고 다른 사람, 다른 부서의 일이므로 나하곤 아무런 관련이 없다는 식의 사고는 궁극적으로 전체를 망치게 된다.

Note

자기가 몸담고 있는 회사에 Ownership을 가진 조직인, 그것은 너무나 당연하고도 기본적인 것이다.

샐러리맨들에게 告함

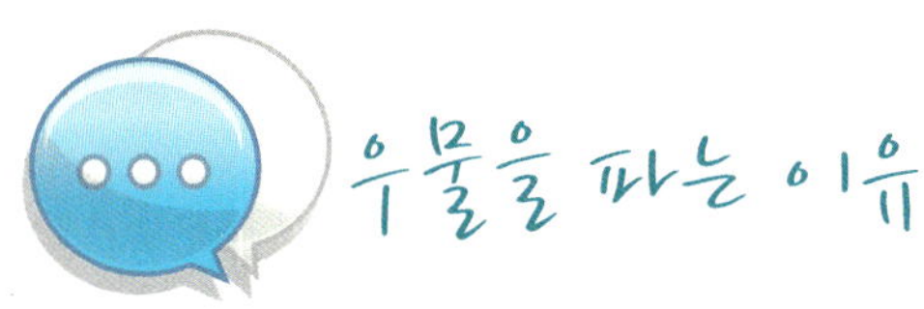

어느 해인가 설 연휴에 시골에서 쉬면서 한민족 리포트라는 TV 프로를 시청한 적이 있다. 그날의 주인공은 인도에서 사회 봉사활동을 하는 한 부부였는데 중간에 등장하는 에피소드 하나가 눈길을 끌었다.

부부가 봉사활동을 하고 있던 한 빈민촌은 우물이 없는 곳이라 아낙네들이 먼 곳까지 힘겨운 발걸음을 해야 물을 길어다 먹을 수 있는 모양이었다. 눈길을 끈 부분은 그 동네가 땅을 파면 물이 나오는 곳이라는 점이었디. 땅을 피서 우물을 만들면 될 텐데 왜 먼 곳끼지 가는 수고로움을 감수하면서 우물을 파지 않는 것일까? 비록 먼 곳이긴 하지만 터덜터덜 걸어서 그곳에 가면 우물이 있는데 왜 힘들여서 우물을 파느냐는 것이 그곳 사람들의 생각이란다.

내세를 중시하는 그들인 탓에 천성이 게을러 쉽게 일을 하려 들지 않는 모양이었다. 게으름을 탓하기에는 연민의 정이 들 정도로 무지했고 불쌍했다. 하지만 그들의 무지함을 책망하기에는 생각을 좀 해 볼 부분이 있었다.

우리 직장생활에서도 지름길이 뻔히 보임에도 불구하고 단지 관행 때문에 혹은 변화를 두려워하는 저항자들 때문에 기존의 틀을 벗어나지 못하고 빙빙 돌아가는 일이 허다하지 않았던가? 설사 다른 사람들이 모두 먼 곳의 우물을 길어다 먹는 것에 안주해 있더라도, 당장은 고달프겠지만 바로 내 발 밑에 있는 우물을 파는 것이 나중에 훨씬 더 편하게 지낼 수 있는 길일 것이다.

가끔씩은 매너리즘에 젖어 스스로의 고달픔을 감수하며 빙빙 돌아서 가고 있는 부분이 없는지를 곰곰이 되짚어 보곤 해야겠다.

Note

주위를 살펴보면 생각보다 많은 것들이 타성과 안주라는 깊은 늪에 잠겨 있다.

샐러리맨들에게 씀함

어제 부하사원과 업무에 관한 이야기를 나눌 때의 일이다.

특정한 사안에 대한 그 친구의 의견은 이건 이래서 안 되고 저건 저래서 안 되고 하는 식의 안 되는 이유들과 지금 자기가 그 일을 왜 할 수 없는가 하는 이유들을 장황하게 그리고 매우 조리 있게 나열하고 있었다. 일에 대해서 이렇게 마음에 벽을 쌓아 놓고 시작하는 경우에는 될 일도 안 되는 경우가 허다하기 때문에 일단은 대화를 끝내고 시간이 지난 후 다시 이야기를 해 보기로 했다. 대단히 유능한 친구인데 어떤 이유에선지 요즘 업무에 대한 의욕이 매우 없는 상태이다.

대학 다닐 때 감명 깊게 읽은 짤막한 글이 있다. 대웅제약을 창업하신 윤영한 사장님의 글로 기억하는데 그분의 글을 기억나는 대로 요지만 한번 옮겨 본다.

코끼리는 긴 코로 2톤이나 되는 나무를 들어 올릴 수 있다고 한다. 그런데 서커스단에 있는 코끼리는 왜 별로 굵지도 않은 동아줄에 묶여 있으면서도 그 줄을 끊을 줄 모르고 그 동아줄에 묶인 채로 자신의 자유를 속박당하고 있는 걸까? 그 이유는 그 코끼리가 아주 어렸을 때, 다시 말해서 그 동아줄을 끊을 힘이 없을 때에 이미 체념했기 때문이다.

그때 힘없는 아기 코끼리는 동아줄을 끊으려고 수없이 시도를 했으나 성공하지 못했고 자라서 2톤이나 되는 나무를 들 수 있는 능력이 있음에도 불구하고 이 동아줄은 절대로 끊을 수 없는 것이라는 체념상태에 있기 때문에 그 동아줄을 끊을 수 없는 것이다.

해 보지도 않은 일에 지레 겁을 먹고 이건 이래서 안 되고 저건 저래서 안 될 것이라고 단정을 지어 버리는 것은 서커스단의 코끼리가 동아줄을 끊지 못하는 것과 다를 바가 없다. 좀 더 심하게 표현하면 몸은 살아 있되 정신은 죽어 있는 상태나 다름이 자신감도 의욕도 없고 그저 체념만이 있을 뿐이다. 이렇게 하루하루 살아가는 삶에 내일이 있을까?

오늘은 어떻게 그 친구 가슴에 자신감과 의욕을 불어넣을 것인지를 고민해 보아야겠다. 코끼리 이야기를 해 줄까?

Note

자신감이 없는 사람과 일을 시작하는 것은, 실패를 전제로 놓고 일을 시작하는 것과 같다.

샐러리맨들에게 쓴함

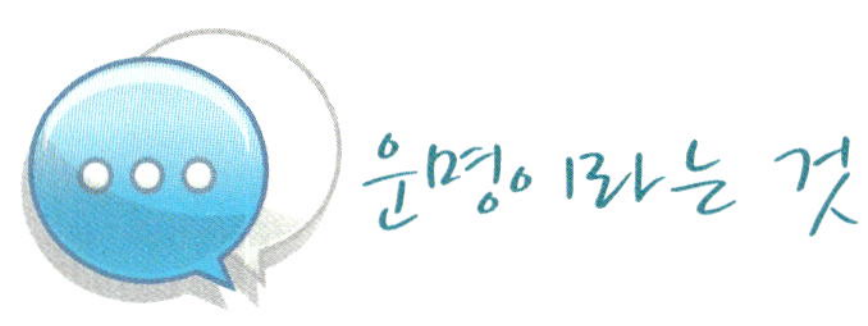

다른 사람들한테 이야기하기를 꺼리는 부분이긴 하지만, 우리 집안에는 아주 유명한 점쟁이라고 해야 할지, 무속인이라고 해야 할지 하여튼 그런 분이 한 분 계신다. 나보다 나이가 조금 많으신 이분은 어릴 때부터 순탄치만은 않은 인생을 살 것이라는 느낌을 주셨던 분이기도 한데 어느 시점인가 우리가 통상 말하는 신이 내려서 무속인의 길에 접어드셨고 그쪽 계통에서는 꽤 유명한 분으로 손꼽히기도 한다. 그래서 경제적인 여유도 꽤 있으신 모양이다.

언젠기 그분과 함께 점이리는 것에 대해서 대화를 니눌 기회가 있었는데 중요한 시사점을 하나 말씀해 주셨다. 타고난 사주는 바꿀 수가 없는데 팔자는 바꿀 수가 있다는 요지의 이야기였다. 사주, 다시 말해서 자기가 태어난 생년, 월, 일, 시는 바꿀 수가 없다는 이야기고 그 사주로 인한 팔자(팔자의 의미는 매우 심오하고 다양함을 내포하고 있지만 한마디로 말한다면 운명이라고도 할 수 있다)는 바꿀 수가 있다는 내용이었다.

어떻게 바꿀 수 있느냐? 그분이 점을 보면 잘 맞는 사람이 있고 잘 맞지 않는 사람이 있다고 한다. 점이 잘 맞지 않는 사람은 본인의 인생을 나름대로 헤쳐 나가려는 의지가 강한 사람이란다. 쉽게 말해서 독기를 품고 인생에 임하는 사람은 점이 잘 맞지 않는다.

반대로 인생을 운명에 맡겨 두고 바람 따라 구름 따라 흐르는 대로 내 몸을 맡겨 놓는 사람의 점괘는 사주에 나타난 대로 잘 맞게 진행이 된다. 인생에 대한 약한 의지를 가진 사람들이 무속인을 찾게 마련이고 무속인들 입장에서는 점괘도 잘 맞아 들어가고 약한 의지력을 가진 이런 유형의 사람들의 돈은 여러 가지 명목으로 빼내기도 쉽고 그래서 무속인들은 이런 틈새시장(?)을 잘 공략하며 번성하는 것 같다.

예전에 신문에서 읽은 이야긴데 외국의 어떤 사람은 어릴 때 성인이 된 몇 살쯤에 당신은 죽을 것이라는 점쟁이의 말 한마디에 그는 생을 영위하는 모든 순간 죽음의 공포에 시달리면서 죽음의 시점을 기다려야 했고 약속이나 한 듯 그 점쟁이가 예언한 그 시점이 되어 죽음을 맞이했다고 한다. 그 사람의 죽음은 과연 점쟁이가 예언한 대로 그 사람의 운명이었을까?

그의 죽음은 운명이었다기보다는 그 사람의 의지였다는 것이 내 생각이다. 그 사람은 그때 죽으려고 했기 때문에 죽은 것이다. 점쟁이의 말에 대한 믿음이 준 확신은 그때 그가 죽지 않으면 못 배기게 할 정도의 강한 신념과 믿음으로 작용했음이 틀림없다. 자신에 찬 확신은 자신의 임종 시점까지도 정하게 하는 힘을 가지고 있는 것 같다.

일도 마찬가지로 강한 의지와 성공에 대한 확신이 있는 경우와 성공에 대한 회의와 자신감 없이 임하는 경우가 있는데 똑같은 노력을 투여해도 결과가 확연히 달라짐을 종종 느끼곤 한다. 어떤 일의 타고난 운명은 실패라고 하더라도 담당자의 성공에 대한 의지와 확신이 있는 경우에는 운명이 달라질 수도 있더라는 이야기다. 그 일의 타고난 운명이 성공이었다고 하더라도 담당자가 의구심을 품고 자신감을 상실한 경우라면 실패로 끝날 것이다.

정해진 운명이라는 것은 없다. 바로 내가 그 운명이라는 것을 그려 가는 것이다. 인생이든 일이든 모든 것은 그에 임하는 태도와 의지, 그리고 거기에 수반되는 나의 노력에 달려 있는 것이다. 하늘이 정해 준 숙명적인 운명이라 할지라도 나의 강한 의지는 막을 수가 없는 것이다. 내가 그렇게 하겠다는데 누가 막을 수 있단 말인가?

Note

사주는 바꿀 수 없지만, 팔자는 바꿀 수 있다.

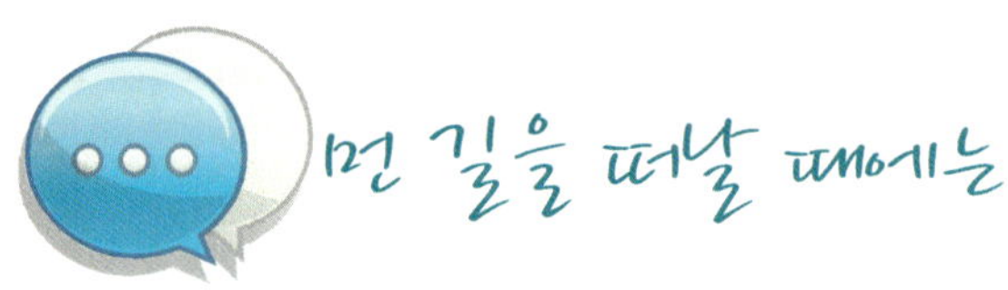

당신은 멀고 힘든 길을 떠나려고 한다. 나에게는 절친한 동물 네 마리가 있다. 양, 사자, 원숭이, 소 이렇게 네 마리이다. 먼 길을 떠난 당신이 힘든 시련에 부딪혀 그중 한 마리를 버려야 할 때 당신은 어떤 동물을 가장 먼저 버리겠는가? 그리고 그다음 시련에는 어떤 동물을? 마지막까지는 어떤 동물과 함께하고 싶으신지?

여러 가지 의견이 있겠지만 몇 사람에게 Test를 해 봤더니 비슷한 답변들이 나왔다. 가장 먼저 버려야 할 동물은 원숭이(才)이다. 원숭이는 재주는 뛰어나지만 덕(德)이 부족하고, 그리고 필요성이라는 측면에서 없어도 주인이 보기에 가장 아쉬울 게 없는 듯이 보인다. 그리고 재미와 즐거움, 흥미를 제공하지만 시련이 닥치면 사실 이런 것은 큰 Merit가 아니다. 그래서 원숭이를 가장 먼저 버린다. 그의 재주가 아쉽긴 하지만……

그다음 버려야 할 동물은 양(善)이다. 양은 착하고 선하지만 나

약하기 때문에 위급한 상황에서는 거추장스러움으로 작용할 수 있다. 쓰임새도 소보다는 적고⋯⋯. 두 번째로 양을 버린다. 사자(勇)는 위급한 상황에서 그가 가진 힘이 나에게 큰 힘이 되기에 중요하다. 그의 힘은 나에게 큰 힘을 주고 외부로부터의 위협에 안전한 방패가 된다. 하지만 상황이 더 힘들어지면 사자는 버리고 나의 용기와 힘으로 버텨 내야 한다. 더 이상 사자의 힘에 의존할 수 없는 상황이 되어 버렸기 때문이다.

소(信)는 마지막까지 동반자가 되어야 한다. 그는 나에게 가장 순응하며 내재된 강한 Power가 있고 항상 깊은 신뢰를 준다. 그리고 내가 힘들 때 그의 등에 기대어 갈 수도 있고 최악의 경우에는 상당량의 식량으로도 요긴하게 쓸 수 있다. 마지막까지 나와 함께해야 할 듬직한 친구! 그는 소(信)다.

이 한 편의 에피소드는 우리가 먼 길을 떠나려 할 때, 어떤 친구와 함께할 것인가를 선택하는 좋은 사례이다. 그리고 자기 자신이 어떤 유형의 인물인지도 한번 성찰해 보는 것도 좋을 듯하다.

논어에 이런 구절이 있다. 德勝才者를 爲之君者(득승재자 위지군자: 인품이 재주보다 돋보이는 사람을 군자라 하고)라 하고, 才勝德者는 爲之小人(재승득자 위지소인: 재주가 인품보다 뛰어난 사람은 소인이라 부른다)이라 하느니라.

많은 조직에서 소보다는 원숭이들이 대접받고 많은 관리자들이 소의 중요성을 강조하면서도 실상은 간사한 원숭이들과 가까이하는

것은 장기적 관점에서 볼 때 조직이나 관리자 본인에게 매우 경계해야

할 부분이다.

Note

당신은 회사에서 진정으로 신뢰할 수 있는 사람이 몇이나 되는가?

샐러리맨들에게 告함

회사에서 실시하는 고객만족 교육에 참여했을 때의 일이다.

강사선생님께서 퍼즐이 들어 있는 봉지를 각 조에 나눠 주었다. 우리 조도 퍼즐을 받고는 서로 힘을 합쳐 열심히 퍼즐을 맞춰 나가기 시작했다. 다 맞춘 조는 누가 시킨 것도 아닌데 박수를 쳐서 자기들이 퍼즐을 다 맞췄다는 것을 알렸다. 이렇게 해서 마지막 조까지 퍼즐을 맞췄지만, 이어서 강사께서 하신 말씀에 우리는 당황해했다.

"여러분께서는 제가 퍼즐을 드리면서 무엇을 여러분께서 해 주시기를 원하는지 물어보셨습니까? 제가 원하는 것은 퍼즐을 맞추는 것이 아니라 퍼즐이 모두 몇 개인지를 여러분께 묻고 싶었습니다."

이 작은 해프닝이 주는 교훈은 우리가 얼마나 자신의 경험적 논리에 의거하여 일을 수행하고 있는지를 잘 나타내 준다는 것이다. 업무를 요청하는 사람의 요구를 제대로 들어 보지도 않은 채 이것은 이러이러하게 수행되어야 할 것이라는 경험의 틀에 맞춰서 부리나케 수행해 버리는 것이다. 경험의 틀에 맞춰진 일만 수행하려 하거나, 새로운 각도에서 접근해야 할 업무라 하더라도 자신 경험의 틀 안으로 끌어들이려고만 한다면 발전이 없다. 요즘같이 변화무쌍한 시대에 과거 경험의 틀이란 것은 부여잡고 연연해해야 하는 대상이 아니라 빨리 벗어 버려야 하는 업보 같은 것인지도 모르겠다.

Note

백미러(경험)를 보면서 앞길(미래)을 운전할 수는 없다.

샐러리맨들에게 告함

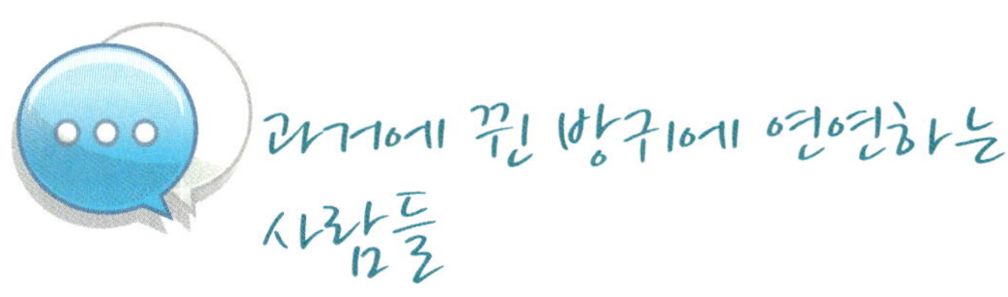

논어를 모르는 사람도 잘 알다시피 논어의 첫 구절은 다음과 같이 시작한다.

"배우고 또 익히면 이 또한 즐겁지 아니한가."

"벗이 있어 나를 찾아오면 이 또한 즐겁지 아니한가."

그런데 대부분의 사람들이 이 두 구절은 익숙한데 세 번째 구절은 잘 모르는 것 같다. 세 번째 구절은 다음과 같다.

"사람들이 나를 알아주지 않는다고 해서 화내지 아니하면 이 또한 군자가 아니겠는가."

한때 방귀깨나 뀌고 살았다고 술만 먹었다 하면 자랑거리를 늘어놓는다거나, 말 중간에 교묘하게 자신의 빛나는 과거를 슬쩍 밝혀서 상대의 기를 죽이려는 사람들이 있다. 그런 유형의 심리적 상태는 크게 두 가지의 경우인데, 첫 번째는 현재 자신의 모습이 빛나는 과거에 비해 별 볼 일이 없어서 예전에는 이런 사람이었으니까 깔보지 말라는 으름장 또는 애원이자 열등감의 표출이 그것이고, 두 번째는 당신이 날 잘 모르는 모양인데 이런저런 사람이니까 잘 알아 모시라는 거드름을 피워 보는 것이 그것이다.

내가 보기엔 열등감의 표출인 경우가 많은 것 같다. 잘난 사람은 굳이 잘났다고 하지 않더라도 자연스레 남들이 알게 된다. 유학 갔다 왔다는 사실을 은근히 자랑하는 사람을 보면 국내에서 다녔던 학교나 학과가 별 볼 일 없는 경우가 많고, S대 대학원을 나왔다고 떠벌리는 사람을 보면 학부가 보잘것없는 대학인 경우가 많았다.

내가 만난 정말 잘난 사람들은 자기 입으로 빛나는 과거를 떠드는 사람들이 별로 없었다. 현재 그의 모습과 Position 자체가 그의 과거가 어떠했음을 충분히 짐작하게 한다. 오히려 과거의 빛나는 경력들과 기라성 같은 집안사람들의 이력이 드러나서 상대를 불쾌하게 하지 않을까 우려하여 의도적으로 감추려고까지 하는 듯하다. 어쨌건 진짜 잘난 사람은 잘났다고 떠벌리고 다니지 않는다.

과거의 아픈 추억에 연연하는 사람들이 있다. 어릴 적 왕따의 추억, 입시 실패, 부모의 이혼, 집안의 파산, 주변인의 사망, 좌천의 쓰라림 등이 바로 그것이다. 이런 안 좋은 추억에 집착하는 사람들은 과거의 망령이 살아나서 실패가 연속되리라는 최면을 걸고 쉽게 체념하며 삶의 의욕을 스스로 저하시킨다. 그러다 보니 되는 일도 없고 재수 없는 일만 자꾸 생긴다. 과거에 연연하는 사람들……. 과거란 무엇인가? 과거란 어차피 지나가 버린 것 아닌가.

“It's gone~.”

프로는 이렇게 한다. 과거의 좋은 추억은 남들을 위압하는 수단으로 삼는 것이 아니라 자신감의 원천으로 삼는다. '나는 과거에 이런 분야 그리고 저런 분야에서 빛나는 성과를 올린 사람이므로 이번에도 충분히 잘할 수 있을 거야'라는 식으로 말이다. 과거의 나쁜 추억은 반성을 통한 재기의 발판으로 삼는다.

'과거에는 그러했지만 그 이유는 이런 것이었어. 이젠 그걸 아니까 다시는 그런 실수를 저지르지 말아야지.'

과거에 낀 방귀는 남에게 떠벌리기 위한 것도 아니고 자기비하를 위한 것도 아니고, 자기 자신을 위한 에너지가 되어야 한다.

Note

열등감이 강한 사람일수록 자기 자랑이 많다.

알렉산더 대왕이 세계정복을 꿈꾸며 출정을 했다. 페르시아의 다리우스 3세 황제와 운명의 한판을 준비하던 때 참모는 야음을 틈탄 기습을 제의한다. 이때 알렉산더 대왕은 이렇게 말했다.

"나는 승리를 훔치지 않는다!"

날이 밝았고 영웅은 정정당당한 일전을 펼쳐 대승을 거둠으로써 가장 큰 걸림돌인 페르시아를 물리치고 세계정복의 발판을 다지게 된다.

알렉산더 대왕이 기습으로 승리를 거둘 수 있었겠지만 정정당당하게 일전을 겨룬 데는 병사들에 대한 무한한 신뢰와 승리에 대한 자신감이 확고했기 때문이 아닐까 싶다. 그런데 제국의 운명이 걸린 일전조차 당당하게 대적하게 하는 위대한 힘을 가진 이 '자신감'이 약해진 때를 우리는 '슬럼프에 빠졌다'고 말한다. 자신감을 뒷받침해 주는 가장 큰 부분은 능력일 것이다. 요즘 자주 놀라는 것은 회사생활을 하는 많은 사람들이 자신의 능력에 비해 자신감이 약하다는 점이다. 대단히 유능해 보이는 사람인데도 이야기를 해 보면 자신의 가치를 낮게 생각하고 있어서 당황할 때가 많다. 거친 시대를 헤쳐 나가야 하는 우리 직장인들은 역류를 거슬러 올라가는 물고기와 같다. 열심히 헤엄쳐야 기껏 지금 지점을 사수할 수 있고 지쳐서 잠시 쉴라치면 순식간에 뒤쪽으로 확 밀려나 버린다. 변화무쌍하게 새로운 것들이 밀려오는 급변의 시대가 요구하는 다양한 능력을 허겁지겁 따라잡아야 하는 처절한 현실은 겉으로는 센 척해 보지만 사실을 정신없고 당황스럽고 도망치고 싶기도 하고 어쩌면 자신감을 모두 상실해 버리고는 어두운 늪으로 빠져들 것만 같은 위기감을 주는 것 같다.

그래도 어깨를 활짝 펴고 힘을 내 보자. 부지런히 달리는 것 외에는 다른 선택이 없지 않는가? 젠장~.

Note

급변하는 시대에 때때로 자신감을 잃는 것은 당연하다.
포기하지 말고 계속 달리자! 남들도 똑같다. 힘들긴 마찬가지다.

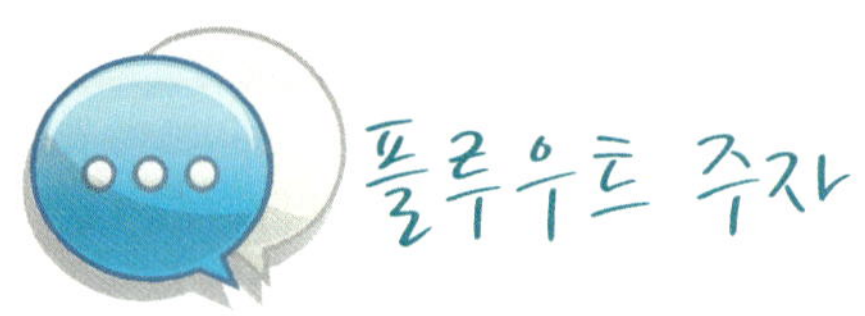

필자는 고등학교 때 밴드부의 멤버였다. 중학교 때로 기억되는데 교과서에 나오는 피천득의 「플루우트 주자」라는 수필에 나오는 '토스카니니가 아니라도 어느 무명의 지휘자 밑에서 플루우트 주자가 되고 싶다는 생각을 한 적은 있다'라는 구절에 왠지 모를 감동을 받았었고, 플루트 연주곡인 '외로운 양치기'의 고독한 선율에 심취했었다. 고등학교 입학 초기에 음악선생님께서 밴드부 입단제의를 하셨을 때 플루트를 불 수 있게 해 주실 수 있겠냐고 물었고 "그러마라"는 말씀에 주저 없이 밴드부에 입단했었다.

밴드부 생활은 외로운 양치기의 선율처럼 감미롭거나 아름다운 것은 아니었다. 하모니를 중시하는 밴드부의 특성상 플루트의 아름다운 선율에 감정을 이입하기보다는 전체와의 조화를 위해 정확한 박자감각과 악보암기력이 더 강조되었다. 외로운 양치기 같은 플루트만의 명곡들을 연주할 기회는 없고 '맨해튼 비치'나 '쌍두의 독수리', '뮤직맨' 같은 수많은 행진곡들을 소화해 내야 하는, 내가 꿈꿨던 플루트 주자와는 좀 거리가 있었다.

밴드부의 특성은 강한 규율이다. 연습 중에 잘못된 음을 낸다든가 박자를 놓치면 가차 없는 제재가 가해졌다. 실수를 해서 선배들한테 몇 대씩 맞고 나면 이상할 만큼 하모니가 좋아지고 악보도 잘 외워지고 실수도 하지 않게 되었다. 분위기가 좋아져서 연습이 느슨해지고 나태해지면 여지없이 소리는 불협화음이 일기 시작했다.

그래서인지 연주회가 있을 때면 잘못한 것도 없는데 선생님과 선배들은 무슨 트집이든 잡아서 몽둥이로 몇 대씩 두들겨 분위기를 긴장시킨 후 연주회에 임하곤 했다. 강한 자극이 주는 긴장감은 개개인이 가진 능력을 극대화시켰다. 궁지에 몰린 쥐가 고양이를 물 수 있는 패기(?)를 지닐 수 있듯이 외부환경이 얼마나 긴박하냐에 따라 개인이 가진 능력은 발휘의 정도가 다른 것 같다.

직장생활을 하는 사람들은 고등학교 밴드부와 같은 물리적인 제재는 없겠지만 대부분 치열한 경쟁과 위협을 극복하기 위해 스스로를 채찍질하며 긴장감을 유지하여야 하는 고달픈 운명이다. 오늘도 스스로의 긴장을 채찍질하는 고달픈 하루를 맞이하며…….

Note

나태함은 달콤하고 안락하며 관성이 생기면 쉽게 멈춰지지 않는다.

　단풍이 물들 때가 되면 큰맘 먹고 구입해서 제대로 써먹어 보지도 못한 에어컨을 바라보며 속상해하기도 하지만, 조금 있으면 에누리 없이 한 살을 더 먹어야 한다는 생각에 마냥 심란해진다.

　가을이 오면 지나온 과거를 돌이켜 보면서 나는 이제까지 무엇을 거두었고 올해는 무엇을 거둘 것인가를 생각하면서 조바심을 내게 된다. 친구들 중에는 벌써 저만치 앞서 가는 모습들이 보이는가 하면, 매스컴에 등장하는 근사한 인물이 나와 나이가 같거나 더 적다는 사실에 부끄러워하기도 하면서 자극도 받고, 내가 이루어 놓은 것들은 그 사람들의 그것에 비하면 초라해 보여서 부끄럽기도 하다.

　마라톤경기를 보면 처음에는 누가 누군지 모를 정도로 많은 사람이 일제히 출발을 한다. 조금 달리다 보면 선두그룹이라는 수십 명의 무리가 형성된다. 그나마 그 무리에라도 끼어 있지 않은 사람이 나중에 우승을 하는 법이 없다. 그러다 나중에는 몇 명 안 되는 소수의 인원이 선두에서 각축전을 벌이고 골인지점에서 막판에 힘을 발휘한

1명이 우승을 한다.

부대끼며 살아간다는 것은 마라톤과 흡사하다. 획기적인 반전이 있을 수도 있겠지만, 그래도 달리는 대열에서 낙오되지 않고 꾸준히 달려 놓지 않으면 나중에 박차고 뛰어나오기는 힘들어진다. 나태해지는 마음을 가다듬고 꾸준히 달려서 나중에 젖 먹던 힘까지 내면, 혹 우승을 할지도 모르고, 그런 가능성이라도 열어 두어야 내가 지금 이렇게 달려가는 의미가 있지 않을까?

힘내자! 나이 한 살 더 먹기 전에 조금이라도 더 달려 놓아야지.

Note

가을은 수확하고 반성하고 다음을 준비하는 계절.

몇 해 전 출장길에 독일의 뒤셀도르프에서 그 동네에서는 꽤나 유명하다는 슈마허라는 흑맥주 집엘 갔었다. 손님들로 온통 왁자지껄한 그곳에서 나는 독일의 주재원 한 분과 술자리를 마주했다. 제목은 흑맥준데 이 집 흑맥주는 색깔이 빨가니 이온 음료수 비슷했고 위에 거품만 아니었다면 영락없는 음료수 형상이었다. 안주는 잘 훈제해서 바삭하게 내온 족발에 으깬 감자가 그 옆자리를 거드는데 술이나 안주나 맥주의 원조 격 나라에서 먹는 맛이라서인지 아주 그만이었다. 계산법도 재미있어서 손님의 맥주잔을 받친 종이 받침대에다 볼펜으로 맥주는 일자로 찍 긋기, 안주는 꺽쇠 표시 등으로 해 놨다가 나중에 덜렁 그 받침대만 카운터로 들고 가면 되는 그까짓 거 머 대충 식이었다.

주재원 생활 십수 년에 안 가 본 나라는 거의 없다는 그 양반의 세계론은 거미 똥구멍에서 줄 잡아 당기기 식으로 당겨도 당겨도 끊임없이 솟아나는 것이어서 출장객은 밤 깊어 가는 줄도 몰랐다.

"독일이란 나라 말이죠. 이 나라가 말이에요. 보시다시피 날씨가 별로인 거라오. 만날 구름이 껴서 꾸므레하고 을씨년스럽고 하죠. 그러다 보니 사람들 만날 기분이 우중충하지 않겠습니까? 그래서 뭐가 발달되었느냐? 철학입니다. 괴테가 왜 나왔겠습니까? 날씨가 왜 이런다냐? 인생이나 고민해 보자. 철학이 뭐 그런 거잖아요? 이놈의 날씨 때문에 자살률도 높다니까요. 또 사람들이 날씨 안 좋으니 허구한 날 집에 있게 되죠. 그래서 독일 사람들은 집 안에 있는 물건들이 중요하고 때문에 명품 가전에 집착을 합니다.

영국은 또 어떻게요. 만날 흐리고 안개 끼고 비나 찌릭찌릭 내리잖습니까? 멜랑콜리하니 집에서 음악만 들어 젖히는 거죠. 그래서 오디오가 발전 안 하려야 안 할 수 없었을 겁니다. 스피커건 앰프건 영국제 하면 다른 나라 사람들 사족을 못 쓰는 것도 이렇게 쌓은 기술 때문이겠죠.

이번엔 날씨 좋은 스페인 한번 봅시다. 그 나라에서 노는 날 집에 처박혀 있으면 자폐증 아니면 장애인 둘 중에 하나인 거라오. 낮에도 나가서 놀고, 밤에서 나가서 놀고, 부어라 마셔라, 플라시도 도밍고, 호세 까레라스처럼 노래 잘 부르는 사람, 피카소나 달리, 고야처럼 그림 잘 그리는 사람도 부지기수고, 날씨도 좋은데 신나게 춤 한번 춰 볼까나? 그래서 플라멩코가 발달했습니다. 집시들이 왜 스페인에 많게요? 날씨 좋으니까 돌아다니다가 그쪽에 정착한 거죠. 날씨가 좋으면 또 뭐가 잘됩니까? 포도농사가 잘됩니다. 사실 와인은 마셔 보면 프랑스산보다는 스페인산이 최고입니다. 기술이 어쩌고저쩌고 하는데 뭐니 뭐니 해도 재료가 제일 중요하잖아요. 그 나라 사람들은 야외 생활을 즐기다 보니 차나 자전거, 스포츠 용품이 중요하고 집에서 쓰는 가전제품은 '어디 것이라도 좋다. 작동만 해 다오~' 이런 식이죠."

오랫동안 주재원 생활을 한 사람의 입에서 나온 이야기들이라 그런지 나한테는 꽤나 신빙성이 있는 말들로 다가왔다. 날씨가 그 나라 문화에 미친 영향이란 이 심오한 철학은 여러 나라의 특징에 대해 나름대로의 명쾌한 답변을 내려 주고 있었다. 물론 믿거나 말거나 격이라고도 볼 수 있겠지만……. 각설하고, 와인이건 오디오건 그 출신지가 어디냐에 따라 사람들에게 어떤 기존 관념이 있는 것 같다. 와인은 프랑스산이 역시 최고이고, 이탈리아산이나 칠레산은 왠지……. 미국산은 나파벨리 출신 정도라면 먹어 줄 만하고 캐나다라면 아이스와인 정도를 대접해 줄 수 있다든지, 오디오는 영국산이면 믿음직하며 음질이 좋을 것이고, 미국산은 투박하되 실용적이고 다소 거칠 수도 있지만 호방한 소리를 들려줄 것이며, 이탈리아산의 소리에는 향기가 스며 있을 것이고, 프랑스산에서는 우아함이 스며 있을 것이라는 그런 믿음 말이다.

하지만 무엇은 그리고 누구는 어떨 것이라는 선입견은 가급적 가지지 말자. 직접 들어 보고 맛보고 겪어 보면 다른 사람들이 만들어 놓은 그 '고정관념'이라는 것과는 다른 경우도 많지 않은가?

필자는 단돈 만 원도 안 하는 미국산 콩코드와인이 솔직히 비싼

다른 와인들보다 훨씬 입맛에 맞으며 비싼 영국산 앰프보다는 스텔
로라는 국산 브랜드의 앰프가 더 마음에 든다. 고정관념은 고매해야
할 각자의 취향을 존중하지 않는 획일적인 강요이다. 저 너머에 더 많
은 젖과 달콤한 꿀이 흐를지도 모르는 새로운 땅을 밟아 보는 것을
방해하는 나쁜 것이다.

Note

남들이 만들어 놓은 고정관념을 무비판적으로 받아들이는 것은
어리석은 일이다.

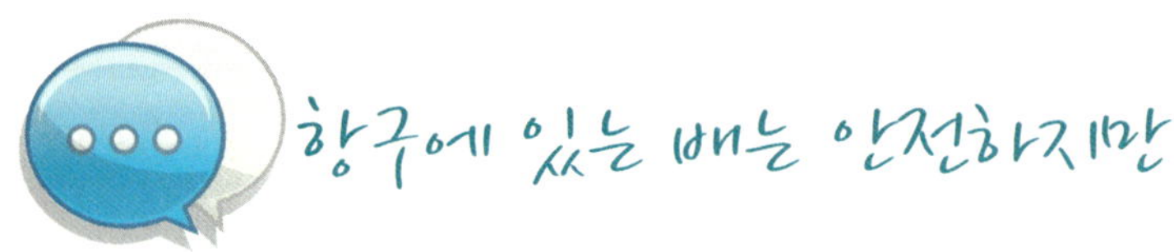

내 취미 중의 하나는 지프차를 타고 온갖 험난한 길(비포장길, 눈길, 진흙탕길)을 주행하는 것이다. 그리고 싸돌아다니다 보니 악명(?)이 높아져서 모 통신회사의 사륜차 동호회 시삽까지 맡기도 했다. 산 꼭대기까지 경사가 매우 급한 길들이 많아 때로는 윈치(바위나 큰 나무에 와이어로 차를 연결시켜 모터의 힘으로 차를 언덕 위까지 잡아당겨 주는 장치)를 써 가면서까지 돌파해야 하는 방태산 정상에 섰을 때나, 눈 덮인 한계령을 스노 체인 없이 넘어가면서 요동치는 눈바람을 바라볼 때의 기분……. 깊은 산속 야간에 오프로드를 주행하다가 길 앞에서 눈을 부릅뜨고 차를 노려보고 있는 산짐승을 만났을 때의 짜릿함은 겪어 보지 않고서는 설명하기가 힘들 것이다.

그 동호회에서 내가 신입 회원들한테 자주 받는 질문이 있다.

"오프로드를 다니면 차에 부담은 없느냐?"

"차가 망가지지는 않느냐?"

"위험하지는 않느냐?"

“그래 죽을 뻔한 적은 몇 번 있으시냐?”

그때마다 내가 해주는 답변은 이런 것이다.

(어떤 유명한 분이 하신 말씀인데 성함은 잊어버렸다)

“항구에 있는 배는 안전하다. 하지만 배는 항구에 묶어 두려고 만든 것이 아니다.”

다른 얘기를 하나 더 해 보면, 아주 비싼 열대어를 수입하는 수입상이 있었다. 이 수입상은 고민이 있었는데 열대어를 비행기에 실어 오는 과정에서 비싼 열대어가 스트레스로 많은 수가 죽어 버리곤 해서 어떻게 하면 열대어의 사망률을 낮출 수 있을까 하는 것이었다. 백약이 무효였으나 딱 한 가지 매우 효과적인 방법을 그는 찾아냈다. 그것은 열대어의 천적을 어항에 같이 넣어 줌으로써 열대어의 사망률을 획기적으로 낮추는 방법이었다. 열대어의 천적을 어항에 넣어 놓으면 스트레스로 사망하는 열대어의 숫자가 획기적으로 줄어든다는 것을 그 수입상은 발견한 것이다. 실제 그 천적이 열대어를 잡아 먹는 숫자는 사망률에 비한다면 미미한 수준이었다. 사망률이 낮아진 이유는 무엇일까? 천적과 같이 있는 열대어는 다른 생각을 할 겨를이 없다. 비행기의 진동이나 소음에서 오는 스트레스 따위는 중요한 것이 아니다. 끊임없이 천적의 행방을 탐색해야 하고 동료들보다 날쌔지 못하면 그대로 잡아먹히기 때문에 먹이를 열심히 먹고 몸을 단련시켜서 만약에 있을 천적으로부터의 공격에 대비해야 한다. 때로는 동료가 천적으로부터 처절히 잡아먹히는 장면을 목격하면서 몸서리를 치고 삶에 대한 투지를 불태울 것이다. 생명을 건 경쟁에서 살아남기 위한 몸부림! 그것이 바로 열대어의 생존율을 높이는 키포인트인 것이다.

집에서 키우는 돼지의 조상은 멧돼지라고 한다. 우리 할아버지 원시인들께서 멧돼지를 집에서 키우게 되면서 진화를 거쳐 지금의 집돼지가 된 것이다. 비록 같은 조상이지만 멧돼지랑 집돼지를 싸움 붙여놓으면 누가 이길까? 아마도 100전 100승 멧돼지일 것이다. 멧돼지는 집에서 사람이 주는 먹이를 먹으면서 유유자적하는 집돼지랑은 상당히 다른 환경에 처해 있다. 그는 자신을 잡아먹으려는 맹수의 위협에 시달려야 하고, 부족한 먹이로 굶주림에 지쳐 끊임없이 산길을 배회하여야 하며, 부양할 새끼들을 안전하게 보호하기 위해서 강인한 신체와 예민한 촉각을 항상 단련시키고 있어야 하기 때문이다.

이 세대의 직장인들은 급변하는 정보화 시대의 치열한 각축장 한가운데에 서 있다. 척박한 산중에서 살아가야 하는 멧돼지의 처절함, 천적으로부터 살아남아야 하는 열대어의 절체절명의 위기감이 전해지는가? 대부분의 사람은 변화를 싫어하고 현실에 안주하기를 원한다. 그저 항구에 묶여 있기를 원한다. 폭풍우가 칠지도 모르고 암초가 있고 무서운 상어 떼가 나타날지도 모르는 험난한 바다를 항해하기가 싫어서 가능하다면 항구에 배를 묶어 두고 유유자적하기를 원하는 것이다. 폭풍우가 두렵고 전쟁터에서 죽기도 무섭다. 하지만 우리는 이미 전쟁터에 총을 든 채로 서 있는 병사이다. 내가 살 수 있는 유일

한 길은 빨리 엎드려서 치열하게 생존을 위한 총탄을 적을 향해 날리
는 것이다.

Note

뜨뜻한 물에서 눈 감고 자다가는 삶기는 수가 있다.

"트윗(Twitter) 하십니까?"

"페북(Facebook) 하시나요?"

"카톡(카카오톡)은요?"

"Viber 가입하셨어요?"

"스캔서치 써 보셨어요?"

이런 질문들에 어안이 벙벙한 표정을 짓고 있다면 요즘의 대세에
는 담을 쌓고 사는 문외한일 테고, 그래도 한두 개쯤은 들어는 봤다
면 왕따는 아닐 테고, 대부분 들어 봤고 일부는 하고 있다면 대세를
잘 따라가고 있는 사람일 테고, 모두 익숙하게 사용하고 있다면 청소
년 혹은 젊은 세대이거나 중장년일지라도 첨단을 걸으려 노력하는 진
보적인 사람일 것이다.

몇 년 전만 해도

"싸이질(싸이월드 사용) 하시나요?"

"미니홈피는 있으세요?"

"블로그는요?"

이런 질문에 'Yes'라고 답하면 그럭저럭 앞장서서 달려가는 축에 속했는데 요즘은 그것만 가지고는 어림도 없어 보인다.

젊은 세대가 새로운 것들에 담을 쌓고 지낸다면 그것은 젊음에 대한 일종의 '직무유기'이다. 벌써 호기심이라는 것이 그렇게 쇠퇴해 버렸다면 외양은 청년이되 사고는 노인과 다를 바가 없지 않은가?

얼리 어댑터(Early adapter)가 대부분인 젊은 세대와 함께 일해야 하는 중년의 관리자들은 바쁜 업무, 늦은 퇴근, 잦은 술자리, 가족에 배려해야 하는 시간, 이상 징후를 점점 자주 보이는 몸을 관리하기 위해 어쩔 수 없이 해야 하는 운동 등으로 인해 요즘 대세를 따라갈 절대 시간이 부족하고 마음의 여유도 없다. 문제는 함께 일하는 우리의 젊은 직원들과 어울려야 할 때 대화가 되질 않는다는 것이다. 그들의 관심사와 라이프스타일, 그들의 언어를 이해하지 않고서 어떻게 그들과 교감하고 퀴퀴한 고물냄새가 나지 않는 이해심 깊은 동반자로서 함께할 수 있단 말인가? 세상이 돌아가는 데 관심을 덜 가지는 청년이건 중장년이건 간에 최근 대세에 무관심했다면 그것들을 눈여겨보고 장점을 잘 받아들여 대화와 업무, 인간관계, 그리고 자기계발의 무기로 적절히 활용할 수 있도록 하여야 한다.

눈 질끈 감고 스마트폰 좋은 놈으로 하나 사서 주변에 잘 쓰는 친구 하나 불러 놓고 좀 귀찮게 해 보자. 다른 세상을 경험할 수 있을 것이다. 쓰면 쓸수록 활용을 더욱 잘하게 되고 업무나 일상생활에서 많은 도움을 받을 수 있다. 사무실에 없을 때도 수시로 메일 Check 가 가능하고 잘 모르는 곳에 가서는 스캔서치로 근처에 있는 건물위치, 식당까지 쉽게 찾을 수 있으며 Viber로는 휴대폰요금 신경 쓸 것 없이 공짜통화도 할 수 있고, 카카오톡으로 무료 문자와 채팅도 가능하다. Twitter, Facebook도 별것 없다. 가입하는 데 5분이면 충분하고 1시간만 투자하면 컴맹이라도 어떤 것인지 쉽게 파악할 수 있다. 1시간만 투자하면 실체의 파악이 가능한데 대화에서 찬밥신세로 뒷방살이를 할 필요는 없지 않은가. 쓸데없이 많은 시간을 이런 부분에 투자하고 있는 것도 문제겠지만 절제된 투자를 한다면 꾸준한 참여와 관리도 가능하다.

최근의 Trend에 대해서는 적절한 금전적 시간적 투자를 하자. 그것이 시대에 뒤떨어지지 않는 중요한 요건 중의 하나이다.

Note

고리타분한 사람이 되지 않으려면 평소 최근의 Trend를 살피고 직접 체험해 보아야 한다.

샐러리맨들에게 告함

스마트폰 유감

주위에 스마트폰을 쓰는 사람들이 부쩍 많아졌다. 필자도 Sony의 엑스페리아로 시작해서 지금은 아이폰 3G를 사용하고 있는데 일반 폰보다 훨씬 다양한 기능과 수많은 어플(Application) 때문에 용도가 많아져서 개인적 용도와 업무적 용도 모두 아주 요긴하게 활용하고 있다.

대중교통을 이용하거나 약속장소에서 누군가를 기다릴 때 예전에는 그저 무료하게 시간을 보내는 경우가 많았는데 요즘은 스마트폰으로 메일도 Check하고 페이스북이나 트위터도 확인하고 카카오톡이나 문자로 직원들에게 업무지시도 내리는 등 자투리 시간도 분주하게 활용할 수 있어서 이전에 비할 수 없을 정도로 할 수 있는 일이 많아졌다. 물론 쓸데없는 데 투자하는 시간이 많아지는 병폐도 있지만 잘만 활용한다면 편리해지고 빨라지고 효율적이게 만드는 기기임에 틀림없다.

며칠 전 관리자 몇 명과 함께 점심식사를 끝내고 카페에 앉았을 때의 일이다.

평소 바쁜 사람들이라 모이기가 쉽지 않아서 모처럼 점심도 먹고 커피도 한 잔 하면서 담소를 나누려고 만난 자리였다. 주문을 마치고 용케 가장 안락한 자리를 차지한 것까지는 좋았다. 한 사람이 슬그머니 스마트폰을 꺼내 들고서는 무언가를 Check하기 시작하자 나를 포함한 우리 모두는 무엇인가에 홀린 듯 저마다의 스마트폰을 꺼내 들고서는 각자 열심히 자신의 폰을 확인하기 시작했다. 주문한 커피를 받아 들고 온 Y 국장은 이 광경을 보고서는 어이가 없었는지 일성을 날렸다.

"다들 왜 이러세요? 오늘 뭐 때문에 우리가 만났습니까? 자~ 폰들 그만 보시고 서로를 보시는 게 어떠실까요?"

Y 국장의 잔소리에 모두는 멋쩍은 웃음을 지으며 화기애애한 담소를 나누기 시작했다. 흥미롭게도 카페에 앉아 있는 사람들 중에는 일행들이 담소를 나누는 중에 대화에서 이탈하여 스마트폰으로 뭔가를 하고 있는 사람을 쉽게 발견할 수 있었고, 연인으로 보이는 어떤 커플은 아무 대화도 하지 않은 채 각자의 스마트폰으로 무언가를 열심히 하고 있는 것도 보였다.

대화 자체를 어렵게 하거나 여러 명이 같이 대화하는 자리에서 김을 빠지게 하는 스마트폰질은 정보화 시대에 등장한 '새로운 결례' 중 하나이다. 특히 윗사람이 있는 자리에서 전화벨이나 문자벨이 울린 것도 아닌데 스마트폰을 습관적으로 꺼내 드는 사람들을 보면 한심

샐러리맨들에게 쓴함

한 생각이 절로 든다. 대화 중 휴대폰 확인에 대해 싫어하는 분들도 부쩍 많아져서 다른 사람들과 대화 중에는 휴대폰을 만지지 않는 것이 요즘 새로이 지켜야 할 중요한 에티켓으로 대두되고 있다. 통화벨이 울린다 하더라도(비록 아랫사람이나 편한 사람을 앞에 두고 있다 하더라도) 통화는 간단해야 하고 급하고 중요한 일이라면 양해를 구하는 것이 기본일 텐데 다른 사람이 앞에 멀쩡히 있는데도 아무런 신호도 없는 폰을 붙잡고 주물럭거리고 있는 졸병들을 보면 왜 그리 뒤통수를 한 대 갈겨 버리고 싶은지…….

Note

다른 사람과 있을 때는 신호가 오지 않는 한 휴대폰은 꺼내지 않는 것이 예의다.

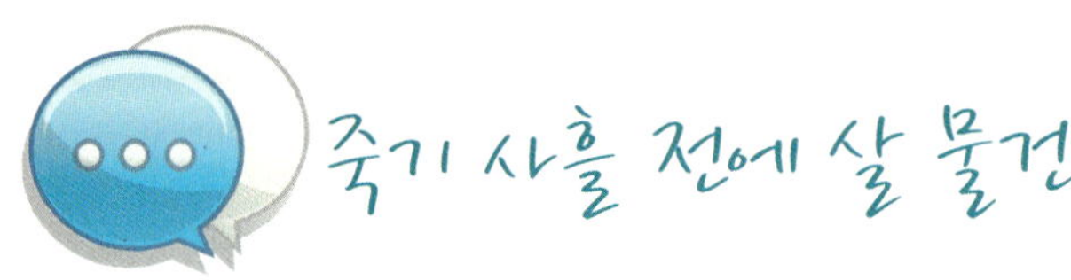

죽기 사흘 전에 살 물건

　디지털 기술의 발달로 한눈에 혹하는 첨단 제품들이 쏟아지고 있다. 디지털 카메라도 점차 고성능화되고 있고 동영상까지 HD로 촬영이 가능해져서 기존에 똑딱이를 쓰던 사람은 Hybrid나 DSLR로 upgrade를 고민하는 사람이 많고 스마트폰도 선택의 폭이 빠른 속도로 늘어나고 있으며, 아이패드·갤럭시탭 같은 PDA류나 맥북에어처럼 '엣지' 있는 노트북까지 가벼운 호주머니를 호시탐탐 노리고 있다.

　필자도 이런 면에 있어서는 나름 Trend에 뒤지지 않으려고 열심히 따라다니는 부류인데 Canon의 고급 DSLR에 뉴 맥북에어 11인치를 최근 구입해서 감동하며 쓰고 있다. 스마트폰의 경우엔 Sony의 엑스페리아로 시작해서 지금은 아이폰 3G를 사용하고 있는데 주위에는 다른 사람들 권유에 구입은 하였으나 이전에 쓰던 휴대폰 기능 정도 외에는 활용을 잘하지 않는 경우도 많아서 폰은 스마트폰인데 활용도는 실버폰 수준인 경우도 종종 있는 것 같다.

　필자가 스마트폰을 활용해서 메일과 일정을 수시로 체크하고 택시를 타고서는 임시 내비게이션으로도 쓰고 주변 맛집 검색은 물론 노래방에 가서 남들이 책 들고 열심히 곡목 찾고 있을 때 스마트폰의 노래방 어플로 노래 번호까지 검색하는 모습을 유심히 지켜본 같은 회사 K는 지름신이 강림했는지 필자 자리에 와서 어떤 스마트폰이 좋은지 가격은 어떻게 되는지 어떻게 쓰는 것인지 등 이것저것 묻기 시작했다. 소심한 K의 질문에 성심성의껏 잘 설명해 준 것까지는 좋았는데 그의 마지막 멘트에 나는 뒤집어졌다.

"에이 뭐…… 좀 있으면 더 좋은 것 나올 텐데요 뭘."

어이없는 표정에 이어 필자가 뱉은 말은 이런 것이었다.

"그럴 거면 죽기 사흘 전에 사야지."

첨단기기, 특히 전자제품 구입에 있어 진리요, 원칙은 좀 더 기다리면 더 좋은 것이 나온다는 것이고 지금 것은 더 싸진다는 것일 거다. 그렇다고 마냥 기다릴 수만은 없지 않은가? 누리지 못함으로써 박탈당하는 기회비용은 생각하지 않고 다음에 더 좋은 것이 나올 테니 살 수 없다는 것은 마치 멀쩡한 포도를 신포도라고 조롱하고 싶어 했던 이솝우화 여우의 행동과 같다. 얼리 어댑터(Early adaptor)까지는 아니더라도 새로운 기기는 가급적 빨리 받아들여서 그 혜택을 빨리 누리게 되면 그만큼 더 이득인 것이다.

Note

먼저 사서 편리함과 만족함을 누리는 이득이, 나중에 싸게 사는 금전적 이득보다 클 수 있다.

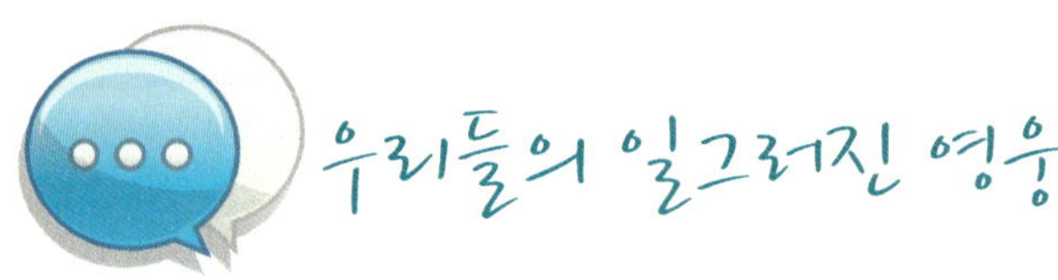

오래된 이야기지만 K사의 해외 현지 법인장이던 W 이사가 현지에서의 행사도중 과로로 인한 심장마비로 사망한 일이 있었다. 직원 모두 그의 죽음을 진심으로 안타까워했으며, 회사를 위해 몸 바쳐 일하시다 끝내는 가장 소중한 목숨까지 잃은 W 이사의 업무에 대한 열정에 경의를 표했지만 나중에 알려진 실상은 조금 충격적인 것이었다.

W 이사는 맡고 있던 해당 법인의 실적이 매우 저조하여 회사로부터 이미 여러 차례의 경고와 질책을 받았고 후임이 올 때까지만 법인장 자리를 지키라는 최후통첩을 받은 상태였다. 이러한 심리적 중압감이 심근경색으로 나타나 행사 도중 목숨을 잃었던 것으로 지인들 사이에서는 추측을 하고 있었다.

옛날 어느 고을에 혼인 날짜를 잡아 놓은 아리따운 처녀가 있었다. 하지만 그 처자는 서방님을 만나 보기도 전에 신랑은 몹쓸 병을 얻어 세상을 떠났고 평생을 수절하면서 시부모님을 지극 정성으로 모셨다. 임금님이 그 여인의 고매하고 순결한 처신을 높이 사서 열녀문

샐러리맨들에게 쏨함

을 세워 주셨다. 이런 얘기들은 전설의 고향에도 종종 등장하곤 한다. 이 불쌍한 처자들이 동짓달 기나긴 밤을 지새우며 죄 없는 허벅지에 송곳질을 해 댔을 생각을 하면 참으로 눈물겨운 일이라 아니 할 수 없다.

요즘도 보면 일찍 남편을 사별한 아주머니가 거동이 불편한 시부모를 평생을 모시고 살아가시는 눈물겨운 이야기, 그 때문에 효부상도 받고 하는 미담들이 많다. 히트상품이 하나 배출되면 개발에 관련된 전설 같은 이런저런 일화들이 전해지게 마련이다.

누구는 결혼을 하고 신혼여행을 갔다 오자마자부터 개발 기간 내내 마누라를 생과부로 만들었다. 와이프를 구경할 때라고는 속내의와 세탁할 옷가지를 전달할 때뿐이었다. 일주일을 꼬박 새운 적도 있다. 잠은 하루 1시간 이상 자 본 적이 없다. 라면을 하도 먹어서 위장병이 났다. 체중이 20킬로그램이 빠진 사람도 있다. 누구는 일을 하다 과로로 실려 갔다. 이런 무용담을 듣고 있노라면 '와~ 대단한 사람들이다'라고 누구나 생각하고 참 그런 고생을 했으니 저런 좋은 제품이 나올 만 하다라고 생각하게 된다.

가끔씩 신문에 나는 일들인데, 용감한 시민상을 탄 분들의 이야기를 보면, 소매치기 일당이 버스 안에서 아가씨의 핸드백을 털고 있는 것을 본 의협심이 강한 한 아저씨가 주변 사람들의 도움이 없는 냉담한 상황에서 칼을 휘두르는 소매치기와 목숨을 건 육탄전을 벌였으며 이에 두려움에 떨고 있던 버스기사가 정신을 차리고 파출소로 차를 몰고 내달아 일당을 다 체포했다. 또는 웅덩이에 빠져 허우적대는 형제를 보고 지나가던 사람이 그 두 형제를 건져 내고 자신은 힘에 부쳐 그만 사망하고 말았다는 눈물 나는 이야기들이다.

이런 영웅들의 이야기에는 항상 뒷전에 밀려 있는 부분들이 있다. 열녀문까지 만들어 가며 한 여성의 꽃다운 청춘을 다 빼앗아 버리고 정절만을 강요하는 사회적 모순이나, 몸이 불편한 시부모를 맡길 데가 없어서 자신의 젊음과 맞바꿔야 할 수밖에 없었던 불쌍한 아주머니를 만들어 낸 부족한 사회복지의료시설, 몇 날 밤을 새워야 할 정도로 과중한 업무량을 강요하는 권위주의적인 조직 풍토와 부족한 개발인력(물론 그분들의 이야기를 들어 보면 일 자체가 재미있고 즐거웠기 때문에 몸은 피곤해도 밤을 새워 가면서까지 일하시는 경우도 많지만), 치안 부재 상황, 그리고 웅덩이에 빠진 아이들을 자신의 몸이 위험하지 않도록 쉽게 구할 수 있는 방법에 대한 언급들은 고사하고라도 아이들을 건져 내고 목숨을 잃은 그분의 가족들이 안아야 하는 슬픔과 경제적 고통……. 이런 부분들이 배제된 채 단지 체제를 유지하기 위한 조직의 필요에 의해, 도덕적 건전성을 유지하려는 사회의 통념이 주는 강압에 의해, 또는 다수의 이기적이고도 왜곡된 희망에 의해 각색되고 강요되는 것이 우리들의 일그러진 영웅의 모습이 아닐까?

Note

영웅은 다수의 필요에 의해 창조되고 각색되기도 한다.

샐러리맨들에게 씀함

　대기업에서 최연소 승진을 갱신하시며 잘나가시던 부장님이 계셨다. 대단히 유능한 분이셨고 여러 가지로 나무랄 데가 없는 전도양양한 관리자였다. 마지막으로 뵌 건 그분의 얼굴에 죽음의 그림자가 드리워져 있었던 때 서울의 어느 병원에서였다. 식도암이었다. 병문안을 갔을 때 뇌로 암이 전이가 되어서 이제는 얼마 더 못 살 것 같다는 말씀을 쓴웃음을 지으시며 하실 때는 정말이지 목이 메었다. 장가도 늦게 가신 터라 돌이 갓 지난 아기가 사모님의 품에 안겨 있는 모습은 처연하기까지 했다.

　회사생활을 하면서 실력이라는 단어를 정의할 때 대부분의 사람들이 업무에 대한 실력에 국한하는 경우가 많다. 실력의 가장 중요한 근간은 건강이다. 자신의 건강을 제대로 지키고 유지하지 못하는 사람은 진정한 프로가 아니다. 남자 사원들은 술과 담배로 몸을 함부로 굴리고, 여직원들은 살이 쪘건 안 쪘건 간에 다이어트를 해야 한다는 강박관념으로 소화기를 혹사시킨다.

기계는 잘 돌아갈 때 기름 치고 닦고 조여야 한다. 한 번 고장 나기 시작한 후에 아차 하고 몸에 관심을 가지기 시작해 봐야 잘 돌아갈 때 기름칠 하는 것보다 몇 배의 노력이 필요하다. 건강하지 않은 사람한테는 중요한 일을 믿고 맡길 수가 없다. 이른바 '안정감'이 부족하기 때문이다. 건강하지 않은 사람은 일에 임하는 자세도 매우 소극적이고 시각도 대체로 비관적이다. 그리고 항상 음울하고 찌들어 있어서 동료들을 부담스럽게 만들고 때로는 그것이 긴장감과 불쾌감을 조성한다. 건강한 신체에서 긍정적 사고와 적극적인 자세가 나오는 것이다. 술에 찌들며 유지하는 인간관계 교류, 마음에 들지 않는 체형, 얼굴에 난 여드름에 신경을 쓸 것이 아니라 내실 있는 건강을 다지는 것이 가장 중요한 일이라는 것을 잊지 말아야 한다. 그것이 프로의 기본자세다.

Note

직장생활에서 실력의 가장 중요한 에너지원은 건강이다.

'대부분의 사람들은 평생 일만 하다가 삶에 찌든 피곤한 늙은이로 죽게 되고 말지.'

— 로버트 기오사키 著 「부자 아빠 가난한 아빠」 중에서

사람들은 오늘도 저마다의 꿈을 향해 바쁜 발걸음을 옮긴다. 바쁜 발걸음을 바라보고 있노라면 사람들은 꿈을 이루는 것보다 그것을 이루기 위해 달려가는 것에 더 큰 의미를 두고 있는지도 모르겠다. 그래서 우리는 미래의 행복을 위해 현재에 누릴 수 있는 행복을 너무나 쉽게 유보하곤 한다. 그것이 비록 어리석은 짓임을 알고 있을지라도…….

미래에 되고 싶은 또는 하고 싶은 그 무엇을 우리는 멋진 말로 Vision이라고 이야기한다. Vision은 구체적이어야 하고, 도전적이어야 하며(흔히 실수하듯), 현학적이어서는 안 된다. Vision을 달성하기 위해서는 일상에서의 여유로움이 전제되어야 한다. 일에 쪼들리고서는 개인의 일과 관련되지 않은 부분의 Vision을 달성할 수 있는 여유를 찾기란 쉽지 않기 때문이다. 가장 이상적인 형태의 업무 부하는 자신이 처리할 수 있는 용량의 70% 정도이다. 하지만 대부분의 기업이 그러하듯이 개인에게 부과되는 업무량은 개인이 감당할 수 있는 용량의 100% 이상이다. 적어도 120% 정도의 업무량을 부과하는 것이 우리나라 기업에서 통용되는 상식이다. 그래서 나 역시 그러하지만 보통의 회사원들은 항상 바쁘다.

하지만 자세히 관찰해 보면 의미 있는 메시지가 축출된다. 바쁜 사람은 항상 바쁘게 살고, 여유가 있는 사람은 항상 여유가 있다는 점이다. 무능하고 태만해서 부적절한 여유를 교묘하게 누리는 사람도 있지만, 일이 많아도 여유롭게 잘 처리해 나가는 사람들이 있다. 반면 업무량이 그런 사람에 비해 많지 않음에도 불구하고, 열심히 하고 매일 야근을 하는데도 일에서 헤어나지 못하고 앞의 경우에 비해 Performance도 우수하지 않은 사람이 있다. 이 두 가지 유형의 근본적인 차이는 일에 임하는 Style이다.

일에도 분명 요령이 있는 것이다. 요령에서 가장 중요한 부분은 통찰력(Insight)이다. 정확하게 본질을 꿰뚫고 있다면 아무리 업무량이 많은 Task가 떨어져도 빠른 시간 내에 정곡을 꿰뚫기 때문에 쉽고 빠른 해결이 가능하다. 이런 통찰력을 가지기 위해서는 일상의 여유를 가지고 평소 일을 관조하는 관찰력이 전제되어야 한다. 머리는 못을 박거나 기와장이나 깰 적에 쓰라고 있는 것이 아니다. 아무 생각 없이 해 나가는 일은 단순히 시간만 흘려보낼 뿐 개인의 발전에는 도움이 되지 않는다. 한 가지 일이 끝나면 반성을 하고 정리를 하고 이

샐러리맨들에게 告함

를 통해 자신의 파워로 내재화시켜서 내공(Insight)을 향상시키는 부단한 노력을 하여야 한다.

내가 생각하는 직장인의 대체적인 Milestone은 다음과 같다. 20대까지는 기본기를 쌓는 데 주력하고 될 수 있는 한 다양한 경험을 쌓을 것이며, 30대 초반부터는 전문화라는 테마를 고민하기 시작해야 하고, 30대 후반부터는 Reputation이라는 단어를 염두에 두고 살아야 한다.

개인이 자신만의 Vision을 가진다는 것의 중요성은 이런 것이다. Vision을 가지고 있는 사람은 현실의 나와 Vision에서 추구하는 나의 모습을 비교하여 그 Gap을 인식하고 그것을 줄이려는 노력을 부단히 하게 되고, 그 점 때문에 Vision을 갖고 있지 않은 사람과 차이를 가지게 된다. Vision이 없어서 Gap을 인식하지 못하는 자는 현재 자신의 상태를 향상시키려는 어떠한 노력도 기울이려 하지 않거나, 목표의식 없이 앞을 향해 달리기 때문에 초점을 맞추지 않은 채 돋보기로 종이를 태우려고 애쓰는 것처럼 효율이 낮을 수밖에 없다.

밝은 미래는 꿈꾸는 자의 것이다. 하지만 Vision은 어느 날 갑작스럽게 이루어지는 것이 아니다. 조금씩이라도 그곳을 향해 꾸준히 움직이고 있어야 이루어지는 것이 Vision이다.

Note

Vision이 없으면 미래가 뿌옇다.

Chapter 4. 生(Life)

가정과 직장에서 살아가는 직장인의 삶

한때 필자가 맡았던 팀은 필자 외에는 모두 여직원이었다. 그래서 주위에서는 우리를 아마조네스 팀이라고들 불렀었다. 그때 같이 일했던 여직원들과 주고받은 메일이다.

보낸 사람: 박수범

받는 사람: 민경마마 풍전등화 경거망동

날짜: ○○○○년 7월 2일 목요일 오전 7:55

제목: 오늘이 무신 날이나?

RG?

무신 날인지?

morundaggo?

Jugan upmoo bogo's day!!!!

BaBo anya?

and, achim e bbalrang bbaarang chulgun system jungchaki

ajikddo jal an doigo itnundi……

Do you know sombody's choihoo?

"Nan iljjik get up hanunge siruyo!"

hadaga mouth jjit-er-jer dead hagoman boy!

it jji mal ja somebody's choihoo~

보낸 사람: 박수범

받는 사람: 민경마마 풍전등화 경거망동

날짜: ○○○○년 7월 2일 목요일 오전 8:30

제목: 내 소원이 뭐냐고 묻는다면……

김구 선생의 나의 소원 중에서 발췌……

나에게 첫 번째 소원이 무어냐고 묻는다면

"아마조네스 팀의 9시 전 전원 출근이요"라고 대답할 것이다.

나에게 두 번째 소원이 무어냐고 묻는다면

"그것 역시 아마조네스 팀의 9시 전 전원 출근이요"라고 대답할

것이다.

나에게 세 번째 소원이 무어냐고 묻는다면

샐러리맨들에게 呇함

"아마조네스 팀의 9시 전 전원 출근이라니께!!!"라고 큰 소리로 외쳐 대답할 것이다.

안톤시냑의 우리를 슬프게 하는 것들 중에서 발췌……

늦게 출근하는 팀원은 우리를 슬프게 한다.

정원 한편 구석에서 발견된 작은 새의 시체 위에 '나는 지각하다 총 맞아 죽었다'는 유서가 남겨져 있을 때……

지각은 대체로 우리를 슬프게 한다.

그래서 여름비는 처량히 내리고 그리운 이의 인적은 끊어져 거의 일주일 동안이나 계속 지각하게 될 때……

민태원의 청춘예찬에서 발췌……

정시출근!!!

이는 듣기만 하여도 가슴이 설레는 말이다.

정시출근!!!

너의 두 손을 가슴에 대고 물방아 치는 심장의 고동을 들어 보라.

지각을 하면 상사의 피는 끓는다.

끓는 피에 뛰노는 심장은 거선의 기관과도 같이 힘 있다.

이것이다.

인류의 역사를 꾸며 내려온 동력은 바로 이것이다.

출근은 투명하되 칼같이 맞추며 지각은 하지도 말고 보지도 말자.

지각을 밥 먹듯이 하면 세상은 얼매나 꿀꿀해지랴?

얼음에 쌓인 만물은 죽음이 있을 뿐이다.

훈민정음 최초의 작품 용비어천가에서 발췌……

지각 안 하는 사원은 바라메 아니밀쎄

꽃 됴코 여름 하나니……

지각 안 하는 사원은 가마래 아니 그칠쎄

내히 이러 바라래 이르나니……

워러타이거 낙서장에서 발췌……

개에게는 뼉따귀를……

지각하는 팀원에겐 몽둥이를……

보낸 사람: 민경마마

받는 사람: 박수범 풍전등화 경거망동

날짜: ○○○○년 7월 2일 목요일 오전 9:19

제목: Re: 내 소원이 뭐냐고 묻는다면……

mokyoilmada tired hada.

piece to watertiger.

나이 들면 초저녁잠이 많아진다.

나이 들면 아침잠이 없어진다.

나이 들면 잔소리가 많아진다.

나이 들면 한 얘기 또 하고 또 하고 또 또 한다.

나이 들면 이리저리 돌려서 얘기하고 그걸 위트라고 생각한다.

나이 들면……

정말이지……

피곤하다……

제발 목요일 아침마다 메일 공해에서 벗어나고 싶다.

메일 공해 없는 나라, 우리나라 좋은 나라

– 몽둥이 맞기 전에 깨갱 해 보는 jackie

보낸 사람: 박수범

받는 사람: 민경마마 풍전등화 경거망동

날짜: ○○○○년 7월 2일 목요일 오후 2:51

제목: Re: 내 소원이 뭐냐고 묻는다면……

mokyoilmada tired hada.

mokyoilmada himmi sotnunda.

piece to watertiger.

power to amazones women.

나이 들면 초저녁잠이 많아진다.

나이가 들어도 초저녁잠은 별로 없다.

나이 들면 아침잠이 없어진다.

나이가 들어도 아침잠은 참을 수 없다.

나이 들면 잔소리가 많아진다.

나이가 들어도 진짜루 잔소리는 하기가 싫다.

나이 들면 한 얘기 또 하고 또 하고 또 또 한다.

식솔들이 한 얘기 또 하고 또 하고 또 또 하게 만든다.

나이 들면 이리저리 돌려서 얘기하고 그걸 위트라고 생각한다.

나이 들면 이리저리 돌려서 얘기 안 해도 알아듣고 그냥 해 주길 바란다.

나이 들면……

나이 들면……

정말이지……

정말이지……

피곤하다……

힘이 솟는다……

제발 목요일 아침마다 메일 공해에서 벗어나고 싶다.

제발 목요일 아침마다 메일을 안 보내더라도 자동으로 주간업무 보고를 보내는 식솔들이랑 살고 싶다.

메일 공해 없는 나라, 우리나라 좋은 나라

메일 공해 없는 나라, 우리나라 좋은 나라

– 몽둥이 맞기 전에 깨갱 해 보는 jackie

– 몽둥이 때리기 전에 경고를 보내는 watertiger

보낸 사람: 민경마마

받는 사람: 박수범 풍전등화 경거망동

날짜: ○○○○년 7월 2일 목요일 오후 3:21

제목: Re: 내 소원이 뭐냐고 묻는다면……

Are you bbijied today?

Oh, please……

안 삐지는 팀장님, 함께 웃는 우리 팀!

팀장니임~~~ 괜히 개개다가 깨갱대는 jackie

보낸 사람: 민경마마

받는 사람: 박수범 풍전등화 경거망동

날짜: ○○○○년 7월 2일 목요일 오후 3:31

제목: Re: 내 소원이 뭐냐고 묻는다면……

우리의 결의

독립선언문에서-

오등은 자에 아 아마조네스의 무지각과 9시 전 전원 출근을 위해 노력할 것임을 선언하노라.

님의 침묵에서-

아아…… 지각은 갔습니다.

하지만 나는 아침잠을 보내지 아니하였습니다.

지각 때문에 삐진 과장님의 침묵……

낙화에서-

출근해야 할 때를 정확하게 알고 출근하는 이의 앞모습은 얼마나 아름다운가.

국민교육헌장에서-

우리는 9시 전 전원 출근의 역사적 사명을 띠고 이 회사에 입사했다.

샐러리맨들에게 告함

무지각의 빛난 얼을 오늘에 되살려 안으로 절대무지각을 확립하고 밖으로 인류공영에 이바지할 때이다.

이에 우리의 나아갈 바를 밝혀 출근의 목표로 삼는다.

Are you still bbijing?

마마, 노여움을 푸시옵고, 통촉하여 주시옵소서.

jackie

보낸 사람: 박수범

받는 사람: 민경마마 풍전등화 경거망동

날짜: ○○○○년 7월 2일 목요일 오후 5:18

제목: Re: 내 소원이 뭐냐고 묻는다면……

팀장의 희망을 담아서

김영랑의 모란이 피기까지는—

정시출근을 이룰 때까지는 나는 아즉 기다리고 있을 테요.

정시출근을 이루고 만날 나는 비로소 꿈을 이룬 기쁨에 잠길 테요.

오월 어느 날 그 하루 무덥던 날

떨어져 누운 꽃잎마저 시들어 버리고

천지에 지각은 자취도 없어지고

뻗쳐오르던 내 뿔따구 서운케 무너졌으니

지각을 안 하고 말면 그뿐 내 한 해는 다 가고 말아

삼백예순날 마냥 기쁘게 웃습니다.

정시출근을 이룰 때까지는 나는 아즉 기다리고 있을 테요.

찬란한 기쁨의 여름을……

박목월의 나그네에서-

강나루 건너서 밀밭 길을

지각도 하지 않고 가는 기지배

길은 외줄기 남도 삼백 리

지각 없는 마을마다 피는 웃음꽃

오늘도 지각 않고 가는 지지배

구지가 중에서-

구아 구아 지각 하지 마라라

지각하면 구워 먹으리~

Note

위트는 잔소리보다 훨씬 효과적이다.

샐러리맨들에게 씀함

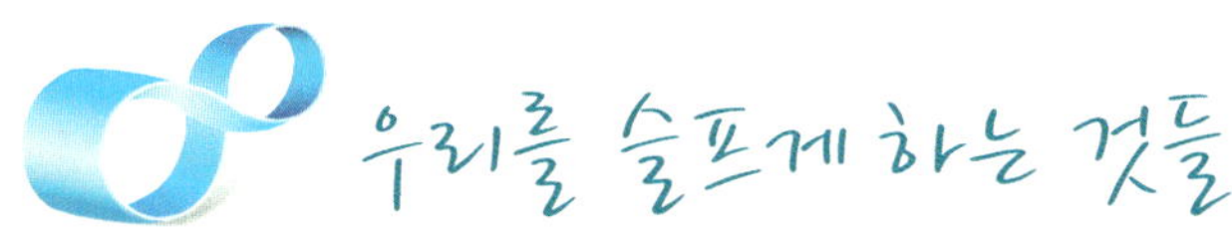

우리를 슬프게 하는 것들

우리 큰딸이 4살, 작은딸이 1살 때의 이야기다.

저녁 식사 후 설거지를 주섬주섬 마친 나는 손에 남아 있는 물기를 만지작거리며 와이프가 또 뭘 시킬까 하는 예상 Mission까지 일단 잔머리를 굴려 보았다. 수고를 한 마당에 트집이라도 잡히면 김이 팍 새 버리기 때문이다. 큰딸이 거실에 흘린 장난감을 대충 정리하면서 가장 방해를 받지 않고 평온한 휴식을 누릴 수 있는 장소를 찾는 내 눈길은 순간 번득인다.

밥을 하는 것은 내 일, 설거지는 남편 일이라는 패러다임을 완벽히 고착시키는 데 성공한 우리 와이프는 식사 후 둘째를 안고 소파를 차지하고 앉아서는 젊은 애들이 나와서 농담 따먹기를 하는 시시껄렁한 TV프로그램을 보며 큭큭 대고 있었다. 퇴근 후 설거지에 아기 젖병소독까지 하느라 장시간의 중노동(?)에 시달린 나는 괜히 심술이 돋아서 일단 와이프 곁으로 자리를 차지하고 앉아 팔짱을 낀 채 다리를 툭툭 건드려 보았다. 예상대로 별 반응은 없다. 와이프의 폼이 가

관도 아니었다.

머리에는 구르프(머리를 돌돌 말아서 웨이브가 생기게 하는 플라스틱 기구)를 덕지덕지 달았고 아기의 트림자국이 묻어 있는 노란색 싸구려 면 원피스에다 허리에는 원적외선이 나온다는 시커멓고 굵직한 벨트를 질끈 동여맨 그로테스크한 모습이었다. 그 밑으로 나와 있는 종아리엔 내 종아리의 그것보다 훨씬 더 풍성한 털이 끔찍함(?)을 더해 주고 있었다.

그 앞의 우리 둘째딸로 말씀드리자면 고스트버스터즈에 나오는 호빵맨 같은 얼굴에 머리털은 듬성듬성, 비록 내 딸이지만 도저히 예쁘다고는 말할 수 없는 외모에 침까지 흘리며 아직 초점이 덜 맞춰진 눈으로 엄마와 함께 TV를 보고 있었다. '흠…… 제법 아름다운(?) 모습이로고.'

예쁜 우리 큰딸은 밥을 먹은 포만감에 겨웠는지 혼자 노래도 부르다가 춤도 춰 봤다가 내 품에 안겨도 봤다가 하더니 엉덩이를 쏙 내밀고 방구를 뿡~ 하고 뀌더니 혼자 좋아서 까르르르 배를 잡고 웃어 댔다. '그래 이렇게 맘껏 방구를 낄 수 있는 내 집을 가지고 있다는 것도 큰 행복이지.'

내 용돈을 받는 날은 매달 17일이었다. 월 50만 원 정도를 받았는데 사실 대기업 팀장이 50만 원 가지고 용돈은 물론 차 기름 값, 주차비까지 해결해야 한다면 품위 유지는커녕 생계유지도 위협을 받는 금액이다. 담배 안 피우고, 체질상 술 잘 못 먹고, 차는 기름 값 적게

샐러리맨들에게 告함

드는 지프차인데다 주차비가 저렴한 곳에 위치하지 않았다면 버티기도 힘든 금액이었다. 와이프는 내게 용돈을 주는 것 외에는 정말 생명이 화급할 정도의 경우가 아니라면 더 이상의 금전적 지원은 일절 없다는 원칙을 고수해 오고 있었는데 그나마 어느 날 비자금 출처(외부 강의로 버는 강사료)가 들통이 나는 바람에 용돈도 받을 수 없는 처지로 전락해 버렸다.

내 용돈을 받는 날이 17일이 된 이유는 초등학교 교사인 와이프의 월급날이 17일이기 때문이었다. 이 때문에 와이프의 월급에서 내가 용돈을 받아쓰는 듯한 모양이 되어 버린 건데 내 월급날인 25일 용돈을 받는다면 당연한 듯 챙기겠으나 와이프 월급날 받는 용돈은 좀 거시기한 느낌을 주는 것이어서 마치 와이프에 얹혀사는 듯한 묘한 느낌이 들게 하였다. 아마도 분명 이러한 느낌을 주게 하려는 고도의 책략이 뒤에 숨어 있을 것이라고 나는 강력히 의심하고 있었다.

와이프는 나와 동갑이고 내가 군대를 제대하던 해인 1988년부터 초등학교 교사생활을 시작했다. 나는 1990년 말 대기업 중에서도 급여수준이 높은 편이 아니었던 금성사에서 직장생활을 시작했다. 그때부터 외국인 회사로 직장을 옮긴 1993년까지 2년 좀 넘는 기간을 나는 와이프보다 적은 월급을 받았었다. 짧은 기간이었지만 명색이 집안의 기둥인 남편이 와이프보다 적은 월급을 받는다는 것은 통 체면이 안 서는 일이었고 부부간의 헤게모니 장악에서 매우 Critical한 시기에 월급이 적었다는 것은 권력의 이동을 의미하는 것으로 이후에 내가 다시 헤게모니를 장악하기 힘들어지게 된 결정적 계기가 되었다.

요즘도 가끔 와이프는 자신보다 월급이 적었던 기간이 불과 2년 이었음에도 불구하고 매우 길었던 것같이 느껴지게 이야기하고 남편의 기를 죽이는 무기로 적절히 활용하고 있다. 나는 퇴직금이 없다. 회사가 완벽한 연봉제 회사로 바뀌면서 매년 퇴직금을 정산해 주기로 되어 있어서이다. 지금 회사에서 정년 때까지 몸담고 있을 확률은 높지 않지만, 퇴직하는 그날은 월급만 달랑 받고 허탈해해야 할 팔자다. 반면 와이프는 63세까지 정년이 보장되는 철밥통인데다 퇴직 후 연금이 빵빵하기로 소문난 초등학교 교사이다. 지난번엔 뜬금없이 이런 말을 했다.

"자기는 나중에 퇴직금이 없어서 어떻게 살아?"

허걱! 이 심오한 발언의 진의는 뭘까? 나의 퇴직금은 이제까지 우리 부부가 쌓아 온 부의 한 축으로 큰 역할을 하였음에도 불구하고 이미 투자 완료되었다는 이유만으로 마치 맛있게 먹은 음식이 이제는 똥이 되어 버려 대접받지 못하는 그런 불쌍한 돈으로 전락해 버린 것이다.

그저께는 집 근처에 있는 일산 로데오 거리에 옷을 사러 갔었다. 나는 지오다노라는 염가 브랜드 매장에서 50% 세일까지 한 5천 원짜리 폴라티셔츠 2장이랑 울 스웨터 2만 5천 원짜리 한 장을 얻어 입고는 기뻐했다. 다른 매장을 지나가다 마네킹이 입고 있는 맘에 꼭 드는 가죽잠바를 하나 발견했다. 사실 난 가죽잠바가 하나도 없어서 평소 가장 장만하고 싶어 하던 물건 중의 하나가 바로 그 스타일의 잠바였

다. 옷을 입고 거울을 보면서 앞뒤를 살피는 나를 고개를 갸우뚱거리며 바라보던 우리 와이프 왈,

"자긴 암만 봐도 가죽잠바가 안 어울려~"

"뭘? 난 괜찮은 것 같은데……."

"잔말 말고 빨랑 나와! 큰딸 옷이나 한 벌 사야겠어. 집에서 가볍게 입고 다닐 면 원피스나 한 벌 사야겠는데……."

작은딸을 업고 앞장선 와이프를 큰딸 손을 잡고 쫄래쫄래 따라가 들어선 곳은 폴로라는 간판을 한 옷가게였다.

"여긴 비싼 데 아닌감?"

면으로 된 큰딸의 봄 원피스 한 장은 세일해서 5만 원.

"역시 옷은 돈을 줘야 폼이 나거든."

옷을 앞뒤로 뒤집으며 이렇게 혼잣말을 하고 있는 와이프를 보고 있자니 심히 꿀꿀했다. 세 벌에 3만 5천 원짜리를 얻어 입은 가장과 한 벌에 5만 원짜리를 얻어 입은 큰딸……. 그래 이건 꿀꿀한 게 아냐. 슬픈 거야! 흑~.

아침에 일어나면 나는 밥을 얻어먹기는커녕 잠들어 있는 딸들과 와이프가 깰세라 살금살금 방을 빠져나와 조용하게 씻고 옷을 입고 집을 빠져나오기 바쁘다. 괜히 뽀스락거리다가는 아기 깬다고 아침부터 구박을 받아야 하기 때문에 여하튼 최대한 조용하게 빠져나와야 한다. 그래서 나의 아침은 사발면처럼 큰 사이즈의 요플레 한 통과 토마토주스 한 병이다. 아침에 출근하면서 매일 들르는 편의점에 가

면 주인아저씨가 아침도 못 먹고 출근하는 내 팔자가 처량해 보이는지 항상 아는 체하시고 반가워하신다. 나는 매일 아침 기계적으로 아저씨와 인사를 나누고 큰 사발 요플레와 주스 한 병을 고른다. 하루는 아저씨가 말씀하시길,

"만날 찾으셔서 토마토 주스와 요플레는 안 떨어지도록 제가 엄청 신경 써요."

이 아저씨의 한마디가 나를 눈물 나게 한다. 흑~.

'울음 우는 아이들은 우리를 슬프게 한다.'

안톤시냑의 『우리를 슬프게 하는 것들』은 아마 이렇게 시작했지……. 안톤시냑이 왜 하필이면 우리를 슬프게 하는 것들의 첫머리에 이 글을 썼을까 하는 것은 애를 키워 본 사람이라면 누구나 다 공감을 할 것 같다. 울음 우는 아이들은 정말 우리를 슬프게 한다. 작은딸이 9개월쯤일 때 우리는 기운이 세고 활달해서 별명을 '활딸이'라고 지어 줄 정도로 기운이 넘쳐 났다. 그때 와이프가 목욕을 마치고 나온 아기를 침대에 눕히고 물기를 닦다가 큰딸이 말을 거는 바람에 잠시 방심하다 둘째가 버둥거리는 것을 못 봐서 그만 꽝 하고 머리부터 바닥으로 떨어져 버렸다. 자지러지는 울음소리에 밖에서 TV를 보다가 깜짝 놀라 뛰어간 나는 큰딸을 제대로 보지 못했다는 억울한 누명을 쓰고 욕을 한 바가지 얻어먹었고, 큰딸은 엄마의 주의를 산만하게 했다는 이유로 꿀밤 한 대를 세게 얻어맞았다. 그때 영문도 모른 채 꿀밤을 맞고 우는 큰딸을 안고 달래고 있는 나의 심정……. 슬펐다. 일

샐러리맨들에게 告함

만 터지면 자기 잘못은 생각 안 하고 덮어씌우기 바쁜 폭군 아니 조폭 마누라에게 항상 이렇게 처절하게 당해야 하는 내 팔자가……

시골에서 부모님이 올라오시거나 장모님이 오실 때가 나는 제일 좋다. 계시는 동안은 거의 모든 사역에서 면제가 된다. 와이프는 도끼 눈을 뜨고 나를 가끔 흘기며 열심히 쓸고 닦고 만들고 있지만 나는 일절 무시하고 소파에서 빈둥거리며 큰딸이나 작은딸 중 하나를 배 위에 얹히고서는 귤이나 까먹고 있어도 아무 탈이 없다. 그리고는 이렇게 긁어 보기도 한다.

"있잖아…… 그…… 말이야…… 포도 주스나 한 잔 가져와 봐. 아냐 아냐…… 사과 깎아서 주스나 해 먹자 우리…….."

사과를 깎아야 하고 기계를 꺼내야 하고 갈아야 하고 나중에 설거지까지 해야 하는 사과 주스까지 한 잔 남편한테 바치고 나면 마누라의 쌔근거리는 소리는 바로 귓전까지 들려오는 듯하다. 죽을 때 죽더라도~.

이렇게 나의 일상을 쓰고 보니 서글프다. 하지만 내가 감수하고 즐거워하는 행복의 또 다른 모습이기도 하다. 내가 그토록 탈출하고 싶어 하는 이 일상이 내가 가장 사랑하고 지키고 싶어 하는 일상이기도 하니까.

Note

회사에서 그럴싸해 보이는 관리자도 집에서는 그저 아저씨, 아줌마일 뿐이다.

이 일은 우리 큰딸이 4살 즈음의 이야기이다.

그때 퇴근 후에 큰딸과 놀아 주는 것은 중요한 일과 중의 하나였다. 딸이 좋아하기 때문이기도 하거니와 나도 매우 즐거운 시간이었기 때문이다. 서툴긴 하지만 말도 제법 조리 있게 구사하고 아는 것도 많아져서 얼마나 예쁜 때였는지 모르겠다. 그즈음엔 스케치북에 그림 그리는 것을 유난히 좋아하기에 재미 삼아 쪼그만 화이트보드와 마커를 몇 가지 색으로 사 주어 보았는데 그냥 그리기만 하는 스케치북보다 지웠다 그렸다 하는 화이트보드가 더 맘에 들었는지 며칠째 그것만 가지고 놀고 있었다.

"압바 압바~."

혼자 울퉁불퉁한 동그라미를 그린 후에 선을 서너 개 그려 넣고 고슴도치라고 주장하며 키득키득하던 우리 큰딸은 그 천진난만함에 미소 짓는 나를 쾌활하게 불렀다.

"왜?"

"이제는…… 압바가 거부기 함 번 그려조 바……."

밤마다 옛날이야기를 해 달라고 그러고서는 첫 번째는 선녀와 나무꾼, 두 번째는 혹부리 영감, 마지막으로 토끼와 거북이를 꼭 순서대로 들은 후에야 잠이 드는 버릇을 가졌던 우리 딸은 토끼와 거북이 그림을 무척 좋아했다.

"알았쪄~."

아빠가 누구인가? 중학교 때까지만 해도 사생대회에 나가 상장깨나 타 오던 화가 지망생이 아니던가. 친애하는 부친께옵서 그림 그리다간 난중에 쪽박 차기 딱 좋다며 훼방만 안 놓으셨더라도 지금쯤 덥수룩한 수염을 기른 채 화실에서 그림을 멋들어지게 그려 대고 있을 팔자였는지도 모른다.

일단 까만 펜으로 거북이 등딱지도 그리고 머리도 그리고 다리와 꼬리, 등딱지의 무늬 테두리까지 잘 그려 넣었다. 이왕 시작한 거흠……, 보자…… 녹색으로 등딱지 무늬에 색도 입히고 피부색도 입히고 고동색으로 눈알두 채우고 맞아 넘실대는 바닷물도 그려 넣어야지. 큰딸도 거북이가 그려지는 모습이 신기했는지 열심히 옆에서 잠자코 바라보고 있었는데 혼자 낑낑대기를 한 10분쯤, 화이트보드에는 만경창파 깊은 바다를 헤엄치는 멋진 거북이 한 마리가 그려져 있었다.

"지은아, 어때? 거북이 멋있지?"

"응~."

큰딸도 아빠의 작품이 마음에 드는 모양이었다. 뿌듯하게 그림을 감상하는 나와, 거북이 그림을 물끄러미 바라보던 우리 큰딸. 갑자기 지우개를 들더니 아빠가 한참동안을 공들여 그린 거북이를 미처 손쓸 틈도 없이 싹싹 지워 버리는 게 아닌가? 허걱!

"어!?"

"압바~ 이젠 토끼 그려 봐 토끼!"

"……"

Note

아이들은 어릴 때 가급적 많이 놀아 주어야 한다.
좀 크면 옆에 안 온다.

치자꽃 두 송이

일에 시달리고 상사에게 시달리고 부하들에게 치이고 이런저런 스트레스에 치이다 보면 부어라 마셔라로 그 스트레스를 풀기 마련이다. 그러다 보면 슬그머니 솟고 있는 똥배 때문에 더 스트레스를 받곤 한다. 몇 해 전부터 스트레스 해소와 정서적 안정을 위해 운동과 병행하여 학창시절에 좋아했던 음악감상을 제대로 한번 해 보기로 했다. 의외로 한가한 직종보다 바쁜 직종에 종사하는 사람들이 취미생활이 활발하고 특정 분야의 오타쿠들이 많다. 이는 해소해야 할 스트레스가 디 많다고 간단히 해석해 버리면 이해기 쉬울 일인데, 각설하고 형편이 빠듯하고 바쁜 샐러리맨이 오디오기기를 들이고 음악을 즐긴다는 것은 그리 쉽지만은 않았다.

그래서 나는 장터에서 가급적 환금성이 좋은 물건들을 선택하는 방법을 깨우쳐야 했고, 흙 속의 진주 같은 저렴하면서도 성능 좋은 기기들을 알아내려 무던히도 애를 썼다. 그런데 이 규화 보전급의 비급들은 고수들 사이에서도 은밀히 거래되는 판도라의 상자와도 같아서 좀처럼 열리지가 않는 듯한 느낌도 있었다. 그러니 나 같은 선무당은 맨땅에 헤딩식으로 부닥치면서 이런 숨겨진 기기들을 알아내거나 게시판의 많은 글들을 읽으면서 행간에 숨은 의미까지 분석해 내며 알아내야 하는 노가다가 필요했는지도 모르겠다. 이렇게 피눈물 나는 고행을 하면서 좋은 기기를 저렴하게 들여왔을 때의 기쁨은 더 말할 것이 없었다.

모든 것이 한가하기만 한 토요일 오전, 의자에 앉아서 새로 들인 스피커의 웅장한 자태를 음미하며 부에나비스타 소셜 클럽의 페레 할아버지가 부르는 멋들어진 '치자꽃 두 송이'를 듣는다. 슈사인보이로까지 전락하며 고달픈 생활을 해야만 했던 페레 할아버지는 고단한 삶의 흔적이 진하게 묻은 목소리로 내리는 소낙비에 멜랑콜리해진 쟁이의 속마음까지 스며든다.

이때 집안일 보시는 아주머니가 등장해서는 "청소 좀 할게요"라는 멘트를 하신 후 젖은 걸레를 내 사랑 스피커에 턱 올리시고는 바닥에 깔린 양탄자를 덥석 들어서 나가신다. 바깥에서 푸닥거리며 털림을 당하고 있는 양탄자소리를 들으며 젖은 걸레로 유린당하고 있는 내 사랑 스피커를 바라보는 내 마음은 당혹감을 지나서 슬픔 그 자체이다.

이 취미를 하는 사람들의 불문율은 오디오의 구입가를 와이프에게는 비밀로 한다는 것이었다. 울 와이프는 내가 안 알려 주려고 할수록 어떻게든 알아내려고 애를 쓴다. 그렇다고 도와줄 것도 아니면서 말이다. 실랑이를 하다가 솔직한 값을 알려 주면 영락없는 바가지에 아니 이걸 그 비싼 돈을 주고 샀단 말이야 하며 금방이라도 잡아먹을 기세로 바뀌어 버리곤 해서 어느 때부턴가는 내 삶의 철학과는 대단히 배치되는 일이지만 와이프의 혈압관리를 위해 값을 알려 주지 않거나 적정한(?) 수준의 사기를 치고 있다.

어느 날 비싸게 주고 산 기기를 아무렇지도 않게 진공청소기의 플라스틱 면이 틱틱 부닥치는 소리를 내며 먼지를 빨아들이고 있는 모습을 보고 나는 화들짝 놀랐다.

"어~ 그게 얼마짜린지 알고나 그래?"

"○○원밖에 안 하는 거라며?"

"……"

잠시 할 말을 잊은 나, 그 뒤를 이어 내 입에서 나온 말은 이런 것이었다.

"그래도 그렇지!"

쉬고 싶은 휴일, 하루 종일 음악을 들었으면 소원이 없겠건만 주말만 되면 영락없이 돋아나는 와이프와 아이들의 나들이 바람을 잠재우기 위해 을왕리 해수욕장까지 가서 뙤약볕 받아 가며 진흙 벌을 누비고 마침내 오디오 앞에 앉은 시간은 오후 5시. 피로는 몰려오고 이땐 리사오노의 상큼한 목소리가 제격이겠지. 쭉 깔리는 기분 좋은 베이스에 리사오노는 싱그러운 목소리로 세시봉을 부른다.

주말 오후에 사역에 시달린 가장은 음악에 취하고 피로에 취하고 금세 비몽사몽에 빠진다. 꿈인지 생신지 반라의 두 미녀가 내 앞에서 흐느적거리며 춤을 춘다. 까르르 웃기도 하고 오디오로 자빠질 듯한 위험한 모션도 취하면서 현란하게 춤을 춘다. 꿈결에서도 생각한다. 저건…… 벨리댄스 같기도 하고 살사댄스 같기도 하고…… 예쁜 처자들이지만 오디오 쪽으로 넘어지면 큰일인데……. 그중 키가 큰 미녀가 갑자기 와락 안기더니만 내 귀를 잡아당기며 매혹적인 목소리로 속삭인다.

"아빠! 이거 말고 말이야~ 개똥벌레 틀어 줘~."

졸다 만 아빠는 개똥벌레도 틀고 아빠와 크레파스도 틀고, 은지까지 틀어 준 후에야 두 미녀를 거실로 보낼 수 있었다.

이번엔 내가 가장 아끼는 음반 Getz/Gilberto로 CD를 바꾼다. 평생 마약에서 자유롭지 못했던 Stan Getz의 비단결 같은 색소폰 소리와 자기가 가진 바지 두 벌 중에 어떤 바지를 선택할지를 고민하다 선택당하지 않은 바지가 슬퍼할까 봐 결국엔 외출을 못 했다는 괴짜 Gilberto의 감미롭기만 한 목소리는 다시금 쟁이에게 평화를 선사한다. 4번째 곡인 Desafinado 즈음에서 쟁이는 다시금 거의 반 기절 상태에 돌입했는데 다시 불협화음이 들린다.

"왜 침대에서 안 자고 불편하게시리 의자에서 자!"

이 숭고한 시간에 내 고유영역을 침범한 와이프는 하지 않았으면 좋았을 잔소리를 내뱉는다.

"내가 그랬잖아! 그 잠하고 이 잠은 다르단 말이야!"

샐러리맨들에게 告함

침대에 본격적으로 엎어져서 자는 잠하고 비록 그보단 불편한 자세지만 음악을 들으며 소파에 앉아서 자는 이 잠을 어찌 감히 비교할 수 있단 말인가? 잠에도 엄연히 격이 있을진대 그 잠과 이 잠을 비교하는 것은 결례도 한참 결례인 게다.

쟁이는 오늘도 주변의 온갖 방해에도 굴하지 않고 나름대로의 길을 향해 노력한다. 이 취미 때문에 가장 소중한 내 가족이 나로부터 외면받고 상처받지 않기를 기도하며, 때론 이렇게 열심히 하다 어느 날 환멸을 느껴 와락 하고 음악 듣기를 포기하면 어떡하나 하는 일말의 공포를 느끼며, 늙더라도 시력보다 청력이 약해지는 것을 더 걱정하며, 무엇보다 음악으로 풀어야 할 직장생활의 스트레스가 다 없어지기를 기대하며, 음…… 이건 아마 지금처럼 머슴살이하는 동안엔 힘들겠지?

Note

직장인에게 스트레스를 풀기 위한 수단으로서 취미는 꼭 필요하다.

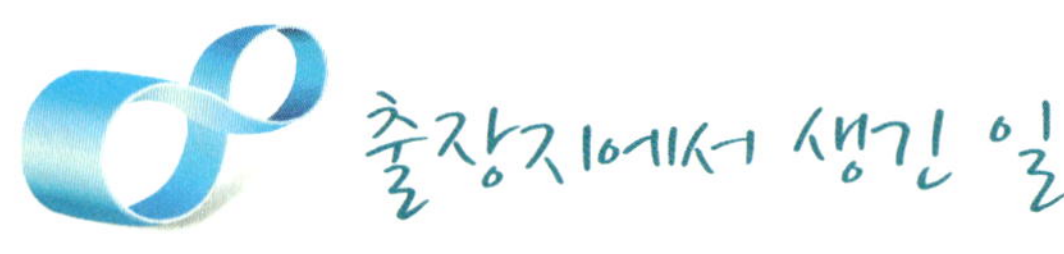

출장지에서 생긴 일

몇 해 전 LA로 출장 갔을 때의 일이다.

동료와 점심을 어떻게 해결할까 하고 이곳저곳을 둘러보다가 가볍게 해결하기로 합의하고 샌드위치 가게에 들어섰다. 불행(?)하게도 그곳에는 내가 별로 달가워하지 않는 상황이 우리를 기다리고 있었다. 내가 달가워하지 않는 상황이 뭔가 하면 뭐 이것저것이 골라야 할 것이 많아서 이건 어떻고 저건 어떻고 하면서 선택을 해야 한다는 상황이었다. 짧은 영어도 문제거니와 어떤 맛과 효능을 지녔는지 분간도 잘 안 되는 생소한 재료들이 나열되어 있어 뭔가를 도박하는 기분으로 선택을 한다는 것이 내게는 매우 심란한 일이었다. 유리 안에는 샌드위치 안에 들어가는 각종 앙꼬들이 쫘악~ 도열해 있고 맥도날드 점원 비슷한 유니폼을 입은 별 매력 없는 아가씨가 생글거리며 우리를 맞았다. 아가씨가 뭐라 뭐라 그러는데 대충 해석해 보면 "뭐뭐 넣어 드실 거예요?" 이런 내용이었다. 골똘히 생각하던 나는 귀찮은 상황에서 가장 적합한 영어단어를 하나 생각해 냈다. 이 단어는 그런 때에 여러 말을 하지 않고도 주문이 가능한 마치 마술과도 같은 단어인 것이다.

"Everything!"

점원의 눈이 동그래졌다. 하기야 이런 주문은 평생 처음일 거다.

"Really?"

"It's carrot."

"??"

어쨌건 나는 그 집이 문을 연 이래로 가장 빵빵한 샌드위치를 하나 받아 들게 되었다. 다음은 동료의 차례. 재료를 보면서 고민에 고민을 거듭하던 동료의 주문은 매우 함축적인 의미의 두 단어로 구성되어 있었다.

"Me too!"

"……"

Note

영어가 부족하더라도 해외에서 뭔가를 사려고 할 때는 크게 문제가 되질 않는다. 무언가를 팔려고 할 때는 문제가 되겠지만…….

직장생활의 연한을 더해 갈수록 Presentation을 할 기회는 점점 더 많아질 뿐 아니라 Presentation 자리의 무게 또한 점점 더 무거워짐을 느낀다. 당연히 Presenter로서 받는 스트레스의 강도도 점점 더해지는 것 같다. 중요한 Presentation 지시를 받았을 때는 가급적 핑계를 대며 어깨에 지워질 무거운 짐으로부터 벗어나고 싶어 하지만 대부분 여의치 않다.

사실 필자는 최근 Presentation이라는 테마에 대하여 개인적인 문제점을 하나 안고 있었다. 모 프로에서 한 라이브 전문가수가 무대에 서면 긴장이 되지 않아 고민이 많다는 이야기를 하던데 필자가 바로 그러했다. 어지간해서는 긴장이 안 된다는 것은 좋은 면도 있지만 Presentation 자체를 얕잡아 보고 준비를 소홀히 하여 낭패를 볼 수도 있기 때문에 Presenter한테 이러한 무긴장증은 치명적이라고 할 수 있을 것이다.

잦은 강의와 Presentation은 매너리즘에 빠져들게 만들었다. 그래서 최근에 있었던 한 제안 Presentation에서 드디어 죽을 쑤고 말았다. 금액이 매우 적었고 내용 자체가 쉬워서 얕보았던 것이 가장 큰 패착이었다. 사전에 연습을 하지 않고도 잘할 수 있으리라 믿었던 그 자리에서 첫 부분부터 말이 꼬이기 시작하더니만 Page가 바뀌어도 어떤 말을 해야 할지도 잘 모르겠고, 여하튼 어떻게 끝났는지도 모르게 허겁지겁 끝내는 졸작 Presentation이 되고 말았다. 같이 간 부하 사원들은 필자의 불만스러움에도 불구하고 잘했다고 격려해 주었지만 정말 우울했다. 그리고 그 제안에서 우리는 떨어졌다. 나중에 파악된 바로는 발표를 잘못해서 떨어진 것은 아니었지만 사전 준비를 철저히 하지 못해서 그렇게 된 것 같아 제안서 작업에 심혈을 기울였던 실무진한테 정말 미안할 따름이었다.

상사나 동료들과 일상적인 업무를 보고하거나 공유하는 Presentation은 긴장을 하는 것이 자세와 말투를 경직시키는 것은 물론 활발한 대뇌활동까지 저해시키기 때문에 오히려 방해가 될 수도 있지만, 적당한 긴장은 집중력을 강화시키고 사전준비를 철저하게 하는 원동력이 되므로 의도적으로라도 유지시키는 것이 좋다.

이제까지의 경험에서 가장 스트레스의 강도가 큰 제안은 역시 수십억의 수주금액이 걸리고 수많은 제안 인력들이 밤새워 만든 자료를 외로이 발표하며 심사위원들의 칼날 같은 질문들을 받아 내야 하는 제안 Presentation이다. 요구되는 다양한 분야의 지식, 그리고 자기가 속한 회사의 Service 영역이나 특장점, 고객이 요구하고 있는 부분에 대한 이해 등 소화하고 있어야 부분이 어마어마한 분량인데다 충분한 사전 숙지를 위해 Presentation 자료 작성에 깊이 투입되어 있어야 한다. 최종 자료는 항상 Presentation 바로 직전에 완성되기 마련이므로 시나리오나 Narration 원고를 작성하는 데 필요한 절대적 시간의 부족함으로 인해 시간적·심리적 스트레스의 강도가 엄청나다. 게다가 윗선이나 동료들의 훈수까지 겹치고 나면 나중엔 자신이 생각했던 시나리오가 뒤죽박죽이 되어 버리기 일쑤여서 정신을 바짝 차리고 있지 않으면 대혼란 상태가 되어 버리기 십상이었다.

드디어 최종 Presentation에서 고독하게 작대기를 들고 연단에 올라 시선은 Key man을 찾아 번뜩이고, 배에 힘을 꽉 준 채 자신감 있는 목소리를 유지하면서 발표를 하다 보면 어느 새 끝날 시간이 임박했음을 알리는 종소리가 들려오고 면도날 같은 질문과 이를 받아내기 위한 답변들이 이어진다.

이렇게 힘겨운 Presentation을 하나 끝내고 나면 10년은 더 늙는 것 같다. 고달픈 Presenter役은 가급적 피하고 싶다. 그것이 비록 나를 성장시키고 또 나를 남에게 알리는 중요한 수단이지만 말이다.

Note

위로 올라갈수록 프레젠테이션을 잘해야 한다. 그래야 산다.

샐러리맨들에게 쓿함

1964년 어느 날, 양지바른 연못가에 어마어마하게 큰 뱀 한 마리가 똬리를 틀고 있었다. 길을 가다 이 광경을 보신 우리 어머니는 뱀이 얼마나 큰지 혼비백산하셨는데 어디선가 그 뱀의 꼬리를 물고 연못을 세 바퀴 돌라는 목소리가 들려왔다고 한다. 어머니는 너무나 떨렸지만 거역할 수 없는 그 목소리에 무언가에 홀린 듯 용기를 내어 그 뱀의 꼬리를 물고 연못을 세 바퀴 도셨다고 한다. 어머니가 이런 영험한(?) 태몽을 꾸신 후 뱀띠해인 65년에 나는 세상에 태어났다. 꿈도 꿈이거니와 내 띠가 뱀띠인 것도 우연이라고 하기에는 어려운 어떤 필연 같은 것이 느껴지기도 하는데 여하튼 나는 뱀이라는 동물을 남들과 마찬가지로 싫어하지만 나랑 인연이 많은 동물임에는 확실하다.

부모님이 결혼 6년 만에 어렵사리 얻은 귀한 아들인 나의 어린 시절은 김천 인근에서 고등학교 때까지 벗어나지 않았고, 철도 공무원이신 아버님 덕에 대단히 부유한 생활은 못하였지만 큰 어려움 없이 안정적인 어린 시절을 보냈다. 국민학교 때의 나는 차분하고 착한 아이로 친구들한테 기억되어 있는 듯하다. 중학교 때는 화가를 꿈꾸며 그림을 그리기도 했으나 가난한 예술가를 연상하시는 부모님의 반대로 그림과의 인연은 멀어졌고 경북에서 명문 반열에 있는 김천고등학교 재학시절에는 밴드부에 들어서 플루트를 불기도 했다. 공부에는 관심이 없고 플루트나 불고 날라리짓에나 관심이 있었던 고등학교 2학년 때 당시 성적으로는 4년제 대학교에 가기 힘들다는 선생님의 말씀에 자극받아 정신을 차려서 3학년 한 해 동안 정말 열심히 공부하여 누구 말마따나 4대문 안에 드는 대학교에 나름대로 우수한 성적으로 입학하게 되었다. 대학시절은 낭만과 학문적 성숙을 안겨다 준 시기였다기보다는 그저 고달프고 무미건조한 학점 따기 과정 정도로밖에 보내지 못한 그런 아쉬운 시기였던 것 같다. 전공이 내 적성에 꼭 맞았던 것도 아니고, 동아리 활동을 열심히 한 것도 아니었다. 남들 군대 갈 때 제대로 군대 갔다 왔고 남들 취직한다고 해서 LG그룹 하계 인턴 공채에 합격하여 금성사의 본사 인사기획팀에서 1990년 10월 22일부터 직장생활을 시작했다. 인사업무는 고달프고 힘들었으며 내 적성에도 잘 맞지 않았지만 회사를 박차고 나갈 용기도 없고 해서 2년 반 동안 정말 아무 생각 없이 그 일을 했다.

　2년 반 뒤에 내린 결론은 인사를 떠나야겠다는 것이었다. 원하던 타 부서로의 전배 기회를 2차에 걸쳐 부서장의 반대로 좌절된 후 나는 금성사와의 연을 끊고 세계 최대의 Marketing Research 전문 업체이자 한국 최대의 Research 전문 업체인 A. C. Nielsen Korea

에 경력사원으로 입사하였다. Research에 대해서는 아무것도 몰랐던 나로서는 대단한 도박이었고 Nielsen 입장에서도 그러하였지만 Nielsen에서는 나의 잠재력을 인정해 주었다. 2년 동안 Nielsen에서 연구원으로 근무하면서 평사원으로 시작하여 1년 만에 대리 달고 퇴직 즈음에는 과장이었으니 1년에 1번씩 진급할 정도로 나름대로는 인정을 받았었다. 배운 것도 많았고 보람도 큰 좋은 기회였지만 스트레스의 강도가 커서 항상 긴장된 생활을 보냈다. 하지만 나에게는 나의 능력에 대한, 그리고 인간관계 처리능력에 대한 자신감을 갖게 해 준 소중한 시기이기도 하다.

LG에 다시 돌아오게 된 것은 Nielsen에서 LG전자 Project를 수행하다가 당시 HiMedia사업본부에 계셨던 현 CISCO의 김중원 부사장님을 만난 것이 계기가 되어서였다. 당시 부장님이셨던 김중원 이사님이 나를 마음에 들어 하셔서 재입사 설득을 하셨고, 연봉 깎이고 직급도 깎이는 수난(?)을 당하면서 LG로 다시 돌아왔다. 이유는 지금도 딱히 설명하기가 어렵지만 LG의 요청에 의해 다시 돌아온다는 글쎄…… 금의환향한다는 기분(?) 그런 것들이 싫지 않았고 퇴사한 지 2년밖에 지나지 않아서 LG에 남아 있던 내 동기들과의 격차를 두기가 힘들기 때문에 형평상의 불가피성을 설득하는 인사부서의 부탁, 그리고 LG에 대한 막연한 향수였다면 설명이 될는지…….

LG전자에 돌아와서는 Cable TV 관련 업무를 수행했고, Project가 종료될 즈음 마침 LG그룹 내 사내 벤처 공모가 있어서 동료 2명과 같이 응모하여 그룹 내 기라성 같은 50여 개 팀을 물리치고 당당히 1위로 당선되어 회장실로 파견되었다. Group에서 1위를 했다는 것은 지금도 자부심을 갖는 부분이지만, 원격화상학습과 관련된 그 Project는 IMF를 맞아 사교육시장이 얼어붙는 바람에 아쉽게도 결국에는 종료되고 말았다.

불행이 새로운 기회를 부른다던가? 마침 LG 그룹에서는 채널아이라는 인터넷 서비스를 준비하고 있었고 김중원 부장님이 그 회사의 씨를 뿌리시고 기술그룹장으로 가 계신 관계로 미래 비즈니스를 수행하는 LG InterNet에 98년 2월 7일 발을 들여놓게 되었다.

이 글들은 내가 LG InterNet에 근무할 때부터 쭉 써 온 것들이다. 사실 나는 전문적으로 글을 쓰는 훈련을 받아 본 적도 없고 과거 와이프하고 연애편지를 열심히 주고받을 때를 빼놓고는 글을 써 본 적이 별로 없는 사람이다. 그래서 이 글을 읽으시는 분들이 혹 글의 거칢에 대해 지적하실지 몹시 염려가 된다. 하지만 사내 게시판에 글들을 올리면서 나도 다른 사람들과 공감할 수 있는 좋은 글을 쓸 수 있다는 사실을 발견했다.

읽으시는 분들이 인사치레로 하시는 칭찬의 말씀에 즐거운 마음이 들 때도 많았지만, 군중이 운집해 있는 커다란 운동장에서 높다란 단상에 혼자 올라가 벌거벗은 채 무언가를 열심히 떠들고 있는 듯한 부끄러운 느낌이 들 때가 더 많았던 것 같다. 어찌 되었건 어떤 때는 부지런히, 어떤 때는 공백기도 가지면서 꾸준히 글을 썼고 내가 쓴 글을 기초로 해서 신입사원들이 오면 직장인으로서 갖추어야 할 점들을 OJT하면서 좋은 반응도 얻었었다.

이제까지 직장생활에 대해 다룬 책들이 다소 원칙론적인 이야기가 많았었다면 내 글들은 그런 범주라기보다 회사라는 시스템에서 자라 온 평범한 관리자 한 사람이 살아온 과거, 그리고 직장과 가정에서 바쁘게 살아가는 현재의 모습, 그런 것들을 담고 싶었다.

이 이야기들을 통해 부끄러운 이 글을 읽는 분들이 다소나마 공감대를 가져 주신다면 이제까지 열심히 쓴 이 글들의 소기 목적은 달성되는 것이라고 생각한다.

박수범

치열한 직장생활을 20년 넘게 해 오면서 어떻게 하면 직장생활을 지혜롭고 행복하게 영위할 수 있을까를 꾸준히 고민해 오고 직원들을 카운슬링해 온 직장생활 전문가.

저자 박수범은 1990년부터 LG전자(당시 금성사)에서 직장생활을 시작한 이후 국내외 대기업에서 근무해 왔으며 현재는 세계 최고의 마케팅리서치 전문기관인 The Nielsen Company의 상무로 근무하고 있다.

LG전자에서 직장생활을 시작한 저자는 LG InterNet과 LG CNS 등을 거치면서 국내 대기업의 문화를 경험하였고 ING생명과 The Nielsen Company에서 임원을 하면서 외자계 회사의 문화적 특성까지 두루 섭렵하면서 직장생활에 대한 이해의 폭을 넓혀 왔다.

저자는 다양한 경력과 풍부한 경험의 소유자이다. 특히 직장생활에 대해서는 다양한 경험과 특유의 시각을 통해 만들어진 지혜와 내공으로 많은 글들을 써 왔으며, 외부 강연활동도 활발히 하고 있다.

E-mail: park.soobum@gmail.com

초판인쇄	2011년 3월 15일
초판발행	2011년 3월 15일

지은이	박수범
펴낸이	채종준
기 획	강태우
편집디자인	김은정
표지디자인	홍은표

펴낸곳	한국학술정보(주)
주 소	경기도 파주시 교하읍 문발리 파주출판문화정보산업단지 513-5
전 화	031)908-3181(대표)
팩 스	031)908-3189
홈페이지	http://ebook.kstudy.com
E-mail	출판사업부 publish@kstudy.com
등 록	제일산-115호(2000.6.19)

ISBN	978-89-268-2001-8 13810 (Paper Book)
	978-89-268-2002-5 18810 (e-Book)